新学習指導要領対応

小学 **3・4** 年生

学校でも、家庭でも
教科書レベルの力がつく！

社会
習熟プリント

大判サイズ

コピーしやすい！

馬場田 裕康・橋口 龍太 著

これなら
できた！

清風堂書店

はじめに

使い方

本書は、学習指導要領に基づいて作られている3社（東京書籍・教育出版・日本文教出版）の教科書を検討しながら作成しました。

中学年の社会科は、「地域学習」が主たる内容です。このプリント学習を通じて、地域に関心を持ち、地域のことを知るきっかけになればと思っています。

もう一つは、高学年につながる社会科の基本的な技能や知識を身につけることにあります。例えば、地図記号を含めた「地図」の読み方、「グラフや資料」の読み取り方、都道府県名や産業などにかかわる「基本的な用語」などです。

【プリントの構成】

① **イメージマップ** （各単元のとびら）

　単元全体のイメージがつかめるように、内容が一目でわかるようになっています。アミ字をなぞったり、色をぬったりして楽しんで学習してください。

② **項目別プリント**

　基礎・基本がしっかり定着することを大事にしながら、思考力を高められるステップも用意しています。

③ **単元まとめプリント**

　基礎・基本がどれだけ定着しているかを確かめながら、キーワードなどを使って、思考力がつくような問題もあります。

④ **学年末まとめプリント**

　知識・技能・思考の力がどれだけついているかが、確かめられるようにしています。

※ **社会ゲーム**

　クイズ形式などで都道府県が楽しく覚えられるようにしています。

学校での学習内容と、このプリントをリンクさせて、さらに学力がアップできるようになればと願っています。

※漢字は、教科書にあわせています。そのため、習っていない漢字は読むときはふりがなつきの漢字、答えを書くときはひらがなにしています。

イメージマップ

項目別プリント

（基礎学力の定着・自己点検）
単元まとめプリント

学年末まとめプリント
（知識・グラフの読み取り・思考力がつく問題）

社会ゲーム

社会習熟プリント3・4年生　もくじ

イメージマップ

作業1 なぞってかきましょう。

① 八方位（はちほうい）

北西	北	北東
西		東
南西	南	南東

北をさす

方位記号

北をさす

方位じしん

② 地図記号（ちずきごう）

	（いねをかりとったあとの切りかぶ）	‖‖	田
	（タネからめを出した2まい葉）	＞＞	畑（はたけ）
〒	（昔のゆうびんのマーク）	⊤	ゆうびん局（きょく）
	（昔使われていた火を消すための道具）	Ｙ	消ぼうしょ（しょう）
	（けいぼうを交さして〇でかこんだもの）	⊗	けいさつしょ

A市のようす

工場が多い

家が多い

山の中の学校

鉄道や道路が集まっている

海

A市

B市

高いところ
少し高いところ
低いところ
家や店の多いところ
‖ 田 ＞ 畑
✿ 工場　☆ 小中学校
鉄道（JR）
そのほかの鉄道（てつどう）
高速道路（こうそくどうろ）
道路
川

⚙	（工場の歯車（はぐるま））	✿	工場
✚	（赤十字のしるしをもとにしたもの）	⊞	病院（びょういん）
	（文という形）	文	学校（小・中）
	（神社（じんじゃ）の入リ口にあるとりい）	开	神社
	（りんごやなしなどの実（み）を横から見た形）	୫	くだもの畑

ポイント　方位を表すのに八方位を使うと、わかりやすいことを
知りましょう。

1　次の問いに答えましょう。

(1) 次の（　）にあてはまる言葉を、▭からえらんでかきましょう。

　　東西南北の向きのことを（①　　　）といいます。

　　東西南北の（②　　　）や、さらに細かくした（③　　　）などを用いて表すことができます。正かくな方位を知りたいときは、平らな所に右の写真の（④　　　）をおいて調べます。

┄┄┄┄┄┄┄┄┄┄┄┄┄┄┄┄┄┄
方位じしん　八方位　四方位　方位
┄┄┄┄┄┄┄┄┄┄┄┄┄┄┄┄┄┄

方位じしんは、色のついたはりの先がさす方向が北になるのよ。

(2) 次の（　）に東・西・南のどれかをかきましょう。

　　北を向いて立ったとき、右手は（①　　　）、左手は（②　　　）の方位をしめします。

　　また、せなかは（③　　　）を向きます。

2　次の方位記号の（　）の中に、あてはまる方位をかきましょう。

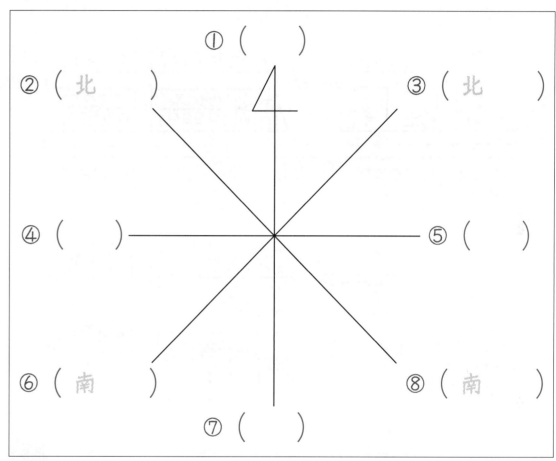

①（　　　）
②（　北　　）
③（　北　）
④（　　　）
⑤（　　　）
⑥（　南　　）
⑧（　南　）
⑦（　　　）

3　次の（　）にあてはまる言葉を、▭からえらんでかきましょう。

　　絵地図は、田や畑、住たくなど、（①　　　）がどのように使われているか、病院やゆうびん局などの（②　　　）はどこにあるかなどを絵でかいた地図のことです。地図をかくときは、ふつう上が（③　　　）をしめしています。

┄┄┄┄┄┄┄┄┄┄┄┄┄┄┄┄┄┄
北　南　公きょうしせつ　土地
┄┄┄┄┄┄┄┄┄┄┄┄┄┄┄┄┄┄

地図と方位
絵地図

1 次の地図は，ある学校の校区の絵地図です。①～④にしたがってかきましょう。

① 地図の左上の方位記号をなぞりましょう。

② 家が集まっているところを赤い色でぬりましょう。

③ 田んぼや畑を緑色でぬりましょう。

④ 工場を青色でぬりましょう。

2 左の地図からわかることで、正しいものに〇をつけましょう。

（　　）駅の南にはコンビニがある。

（　　）この学校の校区には病院はない。

（　　）小学校は駅より南にある。

（　　）小学校の東には田んぼがあり、寺がある。

3 絵地図をかくときについて、正しいものに〇をつけましょう。

（　　）地図の上を北とする。

（　　）家は1つずつすべてかくようにする。

（　　）目じるしになる学校や神社などをかく。

（　　）大きな道や川、鉄道などをかくとき、方位をまちがえないようにする。

（　　）数字や文字の向きは考えなくてもよい。

（　　）車をたくさんかくと、道路だとわかりやすい。

（　　）土地のようすがわからないところは、自分が想ぞうしたことを入れて、地図をつくる。

（　　）家のあるところや、田畑、工場などは色分けをするとわかりやすい。

ポイント　地図記号の意味を知りましょう。

1　次の地図を見て、あとの問いに答えましょう。

(1)　地図中の地図記号は何を表していますか。①～⑦にあてはまる言葉を、◻◻からえらんでかきましょう。

①（　　　）

②（　　　）

③（　　　）

④（　　　）

⑤（　　　）

⑥（　　　）

⑦（　　　）

けいさつしょ　学校　消ぼうしょ　市役所　寺　図書館　病院

(2)　次の文を読んで、たて物の名前を◻◻から、地図記号を地図からえらんでかきましょう。

①　駅の北にあり、手紙や小づつみなどをあつかっている。（　　　）◻

②　わたしの家の道路をはさんだ東がわにある。（　　　）◻

③　地図の南東のはしにあり、物をつくっている。（　　　）◻

工場　神社　ゆうびん局

2　次の地図記号と意味のあうものを、線でむすびましょう。

① 　●　　　●工場（工場でつくるきかいの部品（歯車））

② 　●　　　●くだもの畑（くだものの形）

③ 　●　　　●田（いねをかりとったあとの形）

④ 　●　　　●畑（タネからめを出した２まいの葉の形）

⑤ 　●　　　●ろう人ホーム（つえをもつ人がいる家の形）

⑥ 　●　　　●けいさつしょ（けいぼうを交さした形）

地図をつくる

1 山田小学校の校区の地図を見て、次の（ ）にあてはまる言葉を、⬚からえらんでかきましょう。

町の北には（① ）が走っていて、駅前には（② ）やコンビニがあり、多くの人が出入りしています。山田小学校は、駅から線路にそって（③ ）に進むとあります。学校の給食で飲んでいる牛にゅうは、この町の（④ ）にある牛にゅう工場からとどけられています。町の西には（⑤ ）があり、大みそかに除夜のかねが鳴ります。

> スーパーマーケット　鉄道　寺　西　南　東

2 左の地図を見て、次の問いに答えましょう。

(1) 地図中の①〜⑨に入る「地図記号」を⬚からえらんでかきましょう。また、住たくがあるところはピンク色、お店は茶色にぬりましょう。

> ☼　文　⣿　⊞　⊗　Ｙ　⊟　◎　卍

(2) ⬚ア〜エに方位をかきましょう。

(3) ⬚に方位記号をかきましょう。

町たんけん・公きょうしせつ

ポイント 町たんけんをして、公きょうしせつのやくわりを学びましょう。

① 町のようすを調べるために、町たんけんに出かけます。次の問いに答えましょう。

(1) 持っていくものとしてよいと思うものに、○をつけましょう。

（　　）自転車　　　　（　　）たんけんカード

（　　）えんぴつ　　　（　　）おかし

（　　）ゲーム　　　　（　　）ノート

(2) 町たんけんをするときに気をつけることとして、正しいものに○をつけましょう。

（　　）学校の外に出るので、交通ルールは必ず守る。

（　　）歩きながら、進む方向をその時に決める。

（　　）町の中のいろいろなものを見落とさないように、できるだけ歩道を広がって歩くようにする。

（　　）行きたい場所や知りたいことを話し合って決めておく。

(3) 町の人にインタビューをすることにしました。インタビューのしかたで、よいと思うものに○をつけましょう。

（　　）話を聞かせてもらえるかどうか、はじめに聞く。

（　　）聞いたことや知ったことなどは、メモしておく。

（　　）仕事がいそがしそうでも、インタビューする。

（　　）話を聞いたあとはお礼を言う。

② 公きょうしせつについて、次の問いに答えましょう。

(1) 次の（　）にあてはまる言葉を、から えらんで かきましょう。

公きょうしせつとは、（①　　　　　　　）のためにつくられたたて物や場所のことです。たとえば、みんなが通っている（②　　　　　　　）や、だれもが遊べる（③　　　　　　　）などがあります。

学校　　コンビニ　　みんな　　公園

(2) 次の仕事をしている公きょうしせつを、線でむすびましょう。

| 絵や書、工芸などの作品をてんじしている。 | ● | | ● 市役所 |

| たくさんの本がおいてあり、だれでも本を読んだり、かりたりすることができる。 | ● | | ● 図書館 |

| 市みんのけんこうや子育てなど、市みんのくらしやさん業にかかわるさまざまな仕事を行っている。 | ● | | ● 美じゅつ館 |

地図と方位
市のようす(1)

① 次の地図はA市のようすを表したものです。地図を見て、あとの問いに答えましょう。

(1) （　）にあてはまる言葉を、└┄┄┘からえらんでかきましょう。

A市のようす

▨	高いところ
▨	少し高いところ
▨	低いところ
▨	家や店の多いところ
‖ 田	⌄ 畑
☼ 工場	文 小中学校
▬	鉄道（JR）
┼┼┼┼	そのほかの鉄道
▭▭	高速道路
═══	道路
───	川

A市の土地のようすを見てみると、西部は（①　　　　　）が広がっていて、市の東から西にかけて（②　　　　　）が流れています。北部には（③　　　　　）がたくさん集まっていて、南部には（④　　　　　）が多く、米や野さいなどをつくっています。

┌┄┄┄┄┄┄┄┄┄┄┄┄┄┄┄┐
川　　家や店　　海　　田や畑
└┄┄┄┄┄┄┄┄┄┄┄┄┄┄┄┘

(2) 左の地図を見て、次の問いに答えましょう。

① 工場が多いのは、北部と南部のどちらですか。（　　　　）

② 学校が多いのは、北部と南部のどちらですか。（　　　　）

③ JRはこの地いきをほぼどの方向に通っていますか。次のア〜ウからえらびましょう。　　　　　　　　　　（　　　　）

┌┄┄┄┄┄┄┄┄┄┄┄┄┄┄┄┄┄┄┄┄┄┐
ア　北〜南　　イ　東〜西　　ウ　北西〜南東
└┄┄┄┄┄┄┄┄┄┄┄┄┄┄┄┄┄┄┄┄┄┘

④ 次の文は市役所のまわりについてせつ明しています。市役所のある場所を地図中の⑦〜⑲からえらんでかきましょう。

┌─────────────────────────┐
市役所のまわりには家やお店が多く、JRのほかに鉄道などの交通が集まっています。
└─────────────────────────┘

　　　　　　　　　　　　　　（　　　　）

⑤ 人口が多いのは北部と南部のどちらでしょう。また、そう考えた理由を答えましょう。

人口が多いのは（　　　　　　　）です。

理由は、（家や店、田や畑）という言葉を使ってかきましょう。

┌─────────────────────────┐
│　　　　　　　　　　　　　　　　　　　　　│
│　　　　　　　　　　　　　　　　　　　　　│
│　　　　　　　　　　　　　　　　　　　　　│
└─────────────────────────┘

市のようす⑵

ポイント　地図から市のようすを学びましょう。

① 次の地図を見て、あとの問いに答えましょう。

A市のようす

凡例
- 高いところ
- 少し高いところ
- 低いところ
- 家や店の多いところ
- ‖ 田　∨ 畑
- ☼ 工場　✖ 小中学校
- ▬ 鉄道（JR）
- ┿┿ そのほかの鉄道
- ═ 高速道路
- ── 道路
- ── 川

(1) 次の文で、正しいものに〇をつけましょう。

（　　）山は、くだもの畑に使われている。

（　　）工場は、海がわに多い。

（　　）A市を通っている鉄道は、JRだけである。

（　　）家は、山のしゃ面に多く集まっている。

（　　）A市には、川は流れていない。

(2) 次の絵は、地図のどの地点をかいたものでしょうか。左のページの地図の⑦〜㋐にあてはまるものをえらび、記号でかきましょう。（同じ答えが2つあります。）

① 山が多いところ　　　（　　　）

② 家が集まっているところ　　（　　　）

③ 工場が多いところ　　（　　　）

④ 駅前の商店がいがあるところ　　（　　　）

⑤ 鉄道や道路が集まっているところ（　　　）

⑥ 山の中に学校があるところ　　（　　　）

② 市のことを調べるとき、パソコンを使ってしりょうを集めることができます。このようなネットワーク（仕組み）のことを何といいますか。▭からえらんでかきましょう。

（　　　　　　　　　　　　　）

┄┄┄┄┄┄┄┄┄┄┄┄┄┄┄┄┄┄┄┄┄┄┄┄
メディア放送　インターネット　テレビゲーム
┄┄┄┄┄┄┄┄┄┄┄┄┄┄┄┄┄┄┄┄┄┄┄┄

地図と方位(1)

1 次の方位記号の①～④に、あてはまる言葉をかきましょう。　　(2点×4)

①(　　　　　)　②(　　　　　)

③(　　　　　)　④(　　　　　)

2 1の方位の表し方を何といいますか。　　(2点)

(　　　　　　　　　　)

3 次の地図記号は、何を表しているか答えましょう。　(4点×8)

①⊖(　　　　　)　②卍(　　　　　)

③⊕(　　　　　)　④☼(　　　　　)

⑤∴(　　　　　)　⑥⊗(　　　　　)

⑦◎(　　　　　)　⑧Ψ(　　　　　)

4 地図をかくときに気をつけることとして、正しいものに○をつけましょう。　　(4点×2)

(　　　)　地図の上は北とする。

(　　　)　地図の上は南とする。

(　　　)　家は1けんずつかく。

(　　　)　目じるしとなる学校や神社などをかくとわかりやすい。

(　　　)　道路は車をたくさんかくとわかりやすい。

5 次の地図は、ある町の駅前のようすを表したものです。あとの問いに答えましょう。

(1) 次の場所は地図の㋐～㋔のどこを表しているでしょう。話を聞いて答えましょう。　　(10点×4)

🐻：スーパーのとなりに①ゆうびん局があるよ。

🐻：②工場は、ゆうびん局の南にあるんだ。

🐻：駅の北には、③消ぼうしょがあるんだ。

🐻：④市役所は、工場より東にあるよ。

① ゆうびん局(　　　)　② 工場(　　　)

③ 消ぼうしょ(　　　)　④ 市役所(　　　)

(2) 次のたて物を西から東にじゅん番にならべましょう。(完答10点)

図書館	市役所	学校	寺

西(　　　→　　　→　　　→　　　)東

地図と方位(2)

① ある市のようすを表した地図を見て、次の問いに答えましょう。

川

②けいさつしょ
⑦
①市役所 Ⓟ
文
市民
⑦図書館 ホール
Y
③工場
駅
⑦

▦ 店の多いところ　▨ 家の多いところ

(1) 地図の3つの □ にあてはまる地図記号をかきましょう。
(10点×3)

①(　　　)　②(　　　)　③(　　　)

(2) 店の多いところには青色、家の多いところにはピンク色をぬって地図をかんせいさせましょう。
(10点)

(3) 次の絵は、地図中の⑦～⑦のどの地いきのようすを表したものでしょう。あてはまるものを記号でかきましょう。
(5点×3)

①(　　　)　②(　　　)　③(　　　)

(4) 右の地図記号のせつ明として、正しいものを次のア～エから1つえらびましょう。
(6点)

ア　めを出してきた2まいの葉の形

イ　そろばんの玉の形

ウ　くだものの形

エ　工場にあるきかいの歯車の形　（　　　）

(5) 次の文を読んで、正しいものに〇をつけましょう。（5点×3）

（　　）駅の東の方には買い物をするところが集まっている。

（　　）東の方には工場がある。

（　　）川は学校の近くを流れている。

（　　）学校のまわりは田になっている。

（　　）川に橋は5つかかっている。

(6) 店が多いところがどこか、（　）にあてはまる言葉を、┌┄┐からえらんでかきましょう。
(8点×3)

大きな道路があるところや、(①　　　)前は、(②　　　)のべんがよく、人がたくさん集まってきます。それらの人たちがり用できるように(③　　　)が多くつくられています。

┌┈┈┈┈┈┈┈┈┈┐
店　駅　交通
└┈┈┈┈┈┈┈┈┈┘

作業1 なぞってかきましょう。

 かく地でとれる野菜・くだもの

作業2 それぞれの都道府県を
すきな色でぬりましょう。

コンビニエンスストア

・長時間開いている。
・小さな店内に多くの商品が
　ある。
・銀行のかわりにもなる。

スーパーマーケット

©株式会社阪急オアシス

・品物が多い。　・安い。
・広いちゅう車場がある。
・たくさん買える。

商店がい

・お店の人と話しながら買い
　物ができる。
・お店どうしがきょう力して
　イベントなどを行っている。

たまねぎ
じゃがいも
〔北海道〕

りんご
〔青森県〕

キャベツ
〔群馬県〕

レタス
〔長野県〕

なし
〔鳥取県〕

もも
〔福島県〕

だいこん
〔神奈川県〕

みかん
〔和歌山県〕

さつまいも
〔鹿児島県〕

なす
〔高知県〕

きゅうり
〔宮崎県〕

店ではたらく人びと
買い物調べ

1　次のグラフを見て、あとの問いに答えましょう。

(1)　3年1組（30人）で買い物調べをしました。右の表は何を表していますか。

〔　　　　　　　　　　〕

1週間で買い物をした店と回数

```
回
150 |
    |  ■
    |  ■
100 |  ■                              ■
    |  ■                              ■
 50 |  ■   ■   ■                      ■
    |  ■   ■   ■   ■   ■              ■   ■
    |  ■   ■   ■   ■   ■   ■          ■   ■
  0 |__■___■___■___■___■___■_____■___■__
    スーパー 八百屋 パン屋 魚屋 肉屋 文房具屋 コンビニエンスストア その他
    マーケット
            └─────駅近くの商店がい─────┘
```

(2)　上のグラフについて、正しいものに○をつけましょう。

（　　　）商店がいで買い物をした回数をあわせると、スーパーマーケットでの回数より多い。

（　　　）一番多く買い物をした店は、コンビニエンスストアである。

（　　　）駅近くの商店がいのお店は、仕事帰りの人だけがり用している。

（　　　）1週間にスーパーマーケットでの買い物をおよそ150回している。

2　次の表は、たくやさんの家族の1週間の買い物調べ表です。この表を見て、あとの問いに答えましょう。

1週間の買い物調べ

たくやさんの家

		日	月	火	水	木	金	土
パン		スーパーマーケット					パン屋	
肉		スーパーマーケット						
野さい		スーパーマーケット						
魚		スーパーマーケット						
飲み物		スーパーマーケット			コンビニエンスストア			
おかし		スーパーマーケット			コンビニエンスストア		コンビニエンスストア	
文房具		スーパーマーケット						
洋服								デパート
その他	どこで			コンビニエンスストア	コンビニエンスストア	ドラッグストア		デパート
	何を			電池	おにぎり	せんざい		くつ

(1)　次の文のうち正しいものをえらんで、番号をかきましょう。

①　毎日買い物をしている。

②　コンビニエンスストアで買うのは、食べ物だけである。

③　一番多く行っているのがコンビニエンスストアである。

④　一番多くのしゅるいの品物を買った日は、月曜日である。

（　　　　　　　）

(2)　上の表からスーパーマーケットのようすがわかることを考えてかきましょう。

〔　　　　　　　　　　　　　　　　　　〕

スーパーマーケットの仕事(1)

① 次の（　）にあてはまる言葉を、┈┈からえらんでかきましょう。

　　スーパーマーケットには、遠い所からでも車で来られるように、大きな（①　　　　　　）があります。また、食べ物から洋服まで（②　　　　　　）の品物があり、（③　　　　　　）にまとめて買うことができます。新聞に入っている（④　　　　　　）で、安いものが何かがわかり買いに行けます。また、家族の人数に合わせてほしい（⑤　　　　　　）だけ買えるように、いろいろな大きさに切られた野さいなどが売り場に出されています。

┄┄┄┄┄┄┄┄┄┄┄┄┄┄┄┄┄
一度　たくさん　チラシ　ちゅう車場　りょう
┄┄┄┄┄┄┄┄┄┄┄┄┄┄┄┄┄

② スーパーマーケットの「安全・安心のくふう」について、正しいものに○をつけましょう。

（　　）野さいのそばに、りょう理で使う調味りょうもいっしょにおいている。

（　　）野さいをつくった農家の人の名前や顔を、お客さんにつたえている。

（　　）すぐに使うことができるように、カットされた野さいが売られている。

（　　）遠くからでもよく見えるように、大きなかん板がある。

③ 品物にはられているシールのせつ明を、ア～オからえらんで、記号をかきましょう。

©株式会社阪急オアシス

ア　バーコード
イ　消ひ期げん
ウ　加工会社など
エ　品名と生さん地
オ　ねだん

④ 次の写真について、せつ明した文を線でむすびましょう。

©株式会社阪急オアシス

©株式会社阪急オアシス

©株式会社阪急オアシス

牛にゅうパックやトレーなどを回しゅうするためのリサイクルボックス

しょうがいがある人のためのちゅう車スペース

小さな子どもをつれていても荷物が楽に運べるように、子どもを乗せることができるカート

スーパーマーケットの仕事(2)

① 次の問いに答えましょう。

(1) スーパーマーケットで①〜③の仕事をしている人を、⑦〜⑦の写真からえらびましょう。

① できたてのおそうざいを食べられるように、1日に何回かにわけて作っている。　（　　　）

② 品物がなくなっていないかなど品物の売れぐあいを調べて、注文する数を決めている。　（　　　）

③ 品物の名前とねだんが、自動でレシートにうち出されるバーコードをきかいで読み取っている。　（　　　）

⑦	⑦	⑦

©株式会社阪急オアシス

(2) 次のA・Bは、お客さんのねがいです。これは(1)の⑦〜⑦のどれとかんけいしていますか。記号をかきましょう。

A　品切れがないようにしてほしい。　（　　　）

B　夜おそくても、おそうざいのしゅるいを多くしてほしい。　（　　　）

ポイント スーパーマーケットの仕事と、品物がどこから運ばれてくるかを写真や図から学びましょう。

② まことさんは、自分が住んでいる町のスーパーマーケットの品物が、どこから運ばれてくるのかを調べています。次の問いに答えましょう。

(1) れいをさん考にして、地図中の□にあてはまる品物の名前をかきましょう。

店にあっただんボール箱	れい	佐賀 たまねぎ		
群馬 キャベツ	熊本 みかん	北海道 たまねぎ	北海道 じゃがいも	北海道 メロン
青森 りんご	鳥取 すいか	長野 りんご	徳島 だいこん	鹿児島 さつまいも
岡山 もも	宮崎 きゅうり	オーストラリア オレンジ	フィリピン バナナ	アメリカ レモン

店ではたらく人びと

① 次の①～⑥は、⑦家の近くの商店がい、⑦スーパーマーケット、⑦コンビニエンスストアのうち、どの店のとくちょうをしめすものでしょうか。（　）に⑦～⑦をかきましょう。　　　　（8点×6）

① （　）品物のしゅるいやりょうが多いので、一度に多くの買い物ができる。

② （　）お店の人と知り合いになって、りょう理のしかたなどを直せつ聞けたりできる。

③ （　）夜おそく開いているので、足りなくなった物がすぐ買える。

④ （　）おまけしてくれたりもする。

⑤ （　）広いちゅう車場があるので、自動車でたくさんの買い物ができる。

⑥ （　）映画やコンサートのチケットが取れたり、銀行の仕事をしたり、おべんとうも売ったりしている。

② 駅前の商店がいでは，お客さんが雨や雪の日でも、かさをささないで買い物がしたいというねがいに対してどのようなくふうをしていますか。番号をかきましょう。　　　　（10点）

① アーケード（屋根）をつけている。

② チラシをくばる。

③ ちゅう車場をつくっている。

（　　　　）

③ 次の問いに答えましょう。　　　　（8点×4）

(1) 次の（　）にあてはまる言葉を、□からえらんでかきましょう。

> こんでいるときでも、車いすや（①　　　　）が使えるように（②　　　　）が広くなっています。また、①には小さな子どもが乗れるものがあり、大人の人は安心して買い物ができます。また、（③　　　　）が平らになっているので、つえをついている高れい者も安全に買い物ができます。

> ゆか　　通路　　ショッピングカート

(2) (1)のせつ明は、①の⑦～⑦のどれですか。　　（　　　　）

④ 次の地図で、外国から運ばれてくるものは何ですか。地図から1つえらびましょう。　　　　（10点）

（　　　　）

青森県　山形県　長野県　愛媛県　フィリピン

イメージマップ

作業1 なぞってかきましょう。

① 野さい（きゅうり）が出荷されるまで

〔なえを育てる〕 → 〔のう薬をまく〕

〔はこづめ〕 ← 〔しゅうかく〕

出荷

② 野さいの出荷時期（宮崎市）

ビニールハウス
寒いときでも、中はあたたかいので、育てることができる。

品目（品種）		出荷時期												ピーク
		1月	2月	3月	4月	5月	6月	7月	8月	9月	10月	11月	12月	
きゅうり		ハウスさいばい						※ろ地さいばい				ハウスさいばい		12～5月
ピーマン		ハウスさいばい						※ろ地さいばい				ハウスさいばい		12～5月
トマト		ハウスさいばい											ハウスさいばい	3～4月

※ろ地さいばい…外で育てること　　■ハウスさいばい…ビニールハウスで育てること

③ パンが出荷されるまで

〔ざいりょうをきかいでねる〕 → 〔生地を休ませてふくらませる〕

〔きかいで同じ大きさに切る〕

〔バケットで休ませてからやく〕

〔1きんずつふくろづめ〕

出荷

④ 安全なせい品をつくるため

ぼうし
マスク
白い服
手ぶくろ

食品をつくっている工場では、えいせいにとくに注意しています。作業をするときは、決められた服を着て、ぼうしやマスクをつけているのよ。

風で服のほこりをとっているよ。

宮崎市でつくられる農ちくさん物

1　次は宮崎市でつくられている農ちくさん物（野さいやくだもの、肉やたまごなど）を表したものです。あとの問いに答えましょう。

宮崎市

かく地区の主な農ちくさん物

マンゴー
コチョウラン
トマト
マンゴー

右の表は市でつくられている野さいを表しています。一番多くつくられている野さいの名前をかきましょう。

（　　　　　　　　　）

宮崎市でつくられている野さい

	生さん量（トン）
きゅうり	32,306
ピーマン	4,799
マンゴー	405
黒皮かぼちゃ	50.8

（宮崎市調べ　2019年）

ポイント　畑ではどんなものがつくられているかを、地図から学びましょう。

2　左の地図からわかることについて、正しいものに〇をつけましょう。

（　　）マンゴーや、コチョウランなど暑い国の農作物がつくられている。

（　　）お米はつくられていない。

（　　）ちくさんは、肉牛だけである。

（　　）トマトやきゅうり、ピーマンなどの夏野さいがつくられている。

（　　）きゅうりは、多くの地区でつくられている。

3　農家の見学のしかたについて、正しいものに〇をつけましょう。

（　　）畑のようすや農家の人がどのような作業をしているかをよくかんさつする。

（　　）農家の人が話をしているときに、友だちとしゃべってもよい。

（　　）見学が終わったら、農家の人にお礼を言う。

（　　）話を聞いてわかったことは、メモをしておく。

（　　）自分が気になる野さいがあると、勝手に見に行く。

畑ではたらく人びと
農家の仕事(1)

① 宮崎市の農さん物を表しています。次の問いに答えましょう。

品目 (品種)		出荷時期												ピーク
		1月	2月	3月	4月	5月	6月	7月	8月	9月	10月	11月	12月	
きゅうり			ハウスさいばい						※ろ地さいばい				ハウスさいばい		12〜5月
マンゴー					ハウスさいばい									5〜6月
トマト			ハウスさいばい										ハウスさいばい	3〜4月
ミニトマト			ハウスさいばい										ハウスさいばい	3〜5月

※ろ地さいばい…外で育てること　■ハウスさいばい…ビニールハウスで育てること

(1) 出荷時期が一番長い農さん物の名前をかきましょう。

（　　　　　　　　　　　）

(2) 次の（　）にあてはまる言葉を、□□□からえらんでかきましょう。

表の農さん物は（　　　　）の野さいとくだものですが、出荷は（　　　　）から春にかけてです。

右の写真の（　　　　　）を使います。この中はあたたかいので、寒いきせつでも育てることができます。

┌─────────────────────┐
│ ビニールハウス　夏　冬 │
└─────────────────────┘

② 次の写真は、（宮崎市の）きゅうりの出荷までのようすです。かんけいする言葉を□□□からえらんで記号をかきましょう。

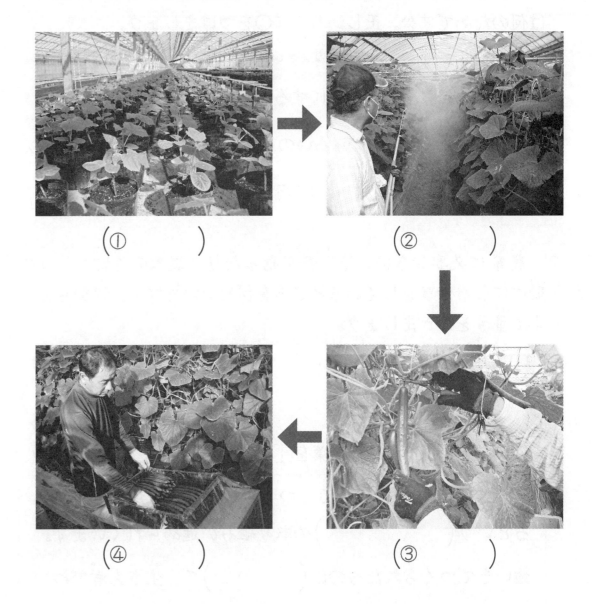

（①　　　）　→　（②　　　）

（④　　　）　←　（③　　　）

┌───────────────────────────────┐
│ ⑦ しゅうかくする　　⑦ なえを育てる │
│ ⑦ 箱づめをする　　　⑦ 農薬をまく │
└───────────────────────────────┘

農家の仕事(2)

ポイント　農家の人びとと農協のつながりを図から学びましょう。

① 農家の人びとは、くだものや野さいをつくってしゅうかくするまでに、えだ切りや実をまびくなどの多くの仕事をします。これは何のためですか。正しいものに〇をつけましょう。

※まびく…なえをじょうぶにするために、間のなえをぬくこと。

（　　）　しゅうかくを楽にするため。

（　　）　たくさんのしゅるいのくだものや野さいをつくるため。

（　　）　おいしいくだものや野さいをつくるため。

② 農業に必要なきかいやひ料を売ったり、農家の作物づくりの助けになる仕事をしているところを何といいますか。次からえらんで番号をかきましょう。

①農協（農業協同組合/JA）　　②村役場　　③青果市場

（　　　　）

③ 次の（　）にあてはまる言葉を、[____]からえらんでかきましょう。

給食などでは、地いきでつくられたものを地いきで食べるという（　　　　　　）の取り組みが進められています。

地いきでつくられたものは（　　　　　　）で、生さん者がわかるので（　　　　　　）して食べることができます。

[____]
安心　新せん　地さん地消

④ 次の表の①〜③にあてはまる言葉を、[____]からえらんでかきましょう。

[____]
八百屋　工場　青果市場　農家

①	②	③

畑ではたらく人びと

1 次の表を見て、あとの問いに答えましょう。

品目 (品種)	出荷時期												ピーク
	1月	2月	3月	4月	5月	6月	7月	8月	9月	10月	11月	12月	
きゅうり		ハウスさいばい						※ろ地さいばい			ハウスさいばい		12～5月
トマト		ハウスさいばい									ハウスさいばい		3～4月

(1) 表からわかることについて、（　）にあてはまる言葉をかきましょう。 (完答25点)

きゅうりが外でつくられるのは、（　　）月～（　　）月です。

(2) (1)いがいでは、きゅうりは右の写真のようなしせつを使ってつくられています。このようなしせつを何といいますか。 (15点)

（　　　　　　　　）

(3) 右の作業は、何をしていますか。次からえらびましょう。 (15点)

ア　じょうぶな作物ができるように、ひ料をまいている。

イ　種をまいて、なえを植えている。

ウ　虫がついたり、病気になったりしないように農薬をまいている。

（　　）

(4) 右の作業はきゅうりをしゅうかくしているところです。（　）にあてはまる言葉をかきましょう。 (15点)

（　　　　　　　　）を使って、一本ずつつると実をつないでいる部分を切ります。

(5) 右のグラフは東京市場でのきゅうりの入荷量と1kgのねだんです。このグラフを見てわかることを（　）にかきましょう。 (15点)

入荷量が少ない（①　　　）は、ねだんが（②　　　）なり、入荷量が多い（③　　　）はねだんが（④　　　）なる。

夏　冬　高く　安く

東京市場における月別のきゅうりの入荷量ときゅうり1kgあたりの平均ねだん

　は、宮崎からの入荷量

2 できたきゅうりをはこづめし、出荷するところを何といいますか。次からえらびましょう。 (15点)

ア　スーパーマーケット　　イ　市役所・村役場

ウ　農業協同組合　　エ　コンビニエンスストア

（　　）

工場ではたらく人びと
パン工場の仕事(1)

ポイント パン工場で、パンができるまでを写真などから学びましょう。

1 生活科の学習で、パン工場に行きました。（　）にあてはまる言葉を、 ⌐ ̄ ̄¬ からえらんでかきましょう。

> 工場についたとき、トラックがパンの原りょうである（①　　　　　　）を運んできたところでした。工場の中では、はたらく人はみんな（②　　　　　　）服をきて、ぼうしや（③　　　　　　）、手ぶくろなどをしていました。さらに、ローラーや風で服のほこりをとっていました。食べ物をつくる工場では（④　　　　　　）にするように注意していることがわかりました。

> マスク　　せいけつ　　白い　　小麦こ

2 パンをつくっている工場ではせい品の原りょうは、どうやって手に入れていますか。次の地図を見て、正しいものに○をつけましょう。

（　　）すべて日本国内のさん地から買っている。

（　　）原りょうもすべて工場の中でつくっている。

（　　）日本国内だけでなく、世界のいろいろな国から買っている。

3 子どもたちがパンがやけるまでのようすをメモしました。せつ明文とかんけいする写真を線でむすびましょう。

①パンのざいりょうを入れて、大きなきかいでねっていた。

②ねったざいりょうはあたたかな部屋におかれて、とてもふくらんでいた。

③しおやバターなどで味つけされた生地は、きかいで同じ大きさに切られていた。

④パンのケースのまま長いベルトに乗せられ、そのまま大きなオーブンでやかれていた。

工場ではたらく人びと
パン工場の仕事(2)

月　　日　名前

ポイント　パン工場では、いろいろな人たちがはたらいていることを表から知りましょう。

① 次の表はパン工場での「仕事べつにはたらく時間のちがい」を表しています。あとの問いに答えましょう。

		時間																								
		1	2	3	4	5	6	7	8	9	10	11	12	13	14	15	16	17	18	19	20	21	22	23	24
㋐	パンのえい業をする人												休けい												
㋑	パンの原りょうを運ぶ人												休けい												
㋒	パンをつくる人																								※
㋓	店ごとにパンを分ける人																								※
㋔	店にパンを運ぶ人								休けい																
㋕	パンをつくるきかいを整びする人																								※
㋖	事む所ではたらく人												休けい												

※時間たいごとの3交代せいで、24時間はたらいています

(1) この表からわかることで、正しいものに○をつけましょう。

（　）パン工場では、パンをつくる人や事むの人、パンを運ぶ人など、仕事を分たんしている。

（　）パン工場では、1つの工場で1しゅるいのパンだけが作られている。

（　）パン工場は夜しか動いていない。

（　）パンをつくる人は、1日に3交代せいではたらいている。

(2) 1日24時間ずっとはたらいているのは、どの仕事ですか。記号でかきましょう。（　）（　）（　）

(3) 店にパンを運ぶ人は、何時から仕事をしていますか。（　）時

(4) どうして(3)のように早いのですか。次の（　）にあてはまる言葉を、□□□からえらんでかきましょう。

（　）の出勤や通学時に、朝食や昼食のために買いに来るお客さんが多いので、その時間までに店に商品をそろえておくため。

> 朝　昼　夜

② 次の（　）にあてはまる言葉を、□□□からえらんでかきましょう。

右の写真は（　　　）によって一斤ずつふくろづめされ、安全チェックされているところです。

> 人の手　きかい

③ 次の（　）にあてはまる言葉を、□□□からえらんでかきましょう。

パンは（①　　　）で店に運ばれます。事む所の人から注文されたパンのしゅるいと（②　　　）を、どこの店に運ぶか指じされます。また、決められた（③　　　）に、きちんと店までとどけることが運転手さんの仕事です。

> 数　時こく　トラック

工場ではたらく人びと

① パン工場について、正しいものに○をつけましょう。　(10点×2)

（　　　）はたらく時間をずらして交代で作業することで、
たくさんのパンをつくっている。

（　　　）工場では、パンの注文を受ける人とパンをつくる
人しかはたらいていない。

（　　　）食品をつくっている工場では、安全なせい品をつ
くるために、えいせいにとくに注意している。

② 次の①〜④を、パンをつくるじゅんにならべましょう。　(完答30点)

①きかいで同じ大きさに切る

②食パンのかたのままやく

③生地を休ませてふくらませる

④ざいりょうをきかいでねる

（　　　）→（　　　）→（　　　）→（　　　）

③ 次の図を見て、あとの問いに答えましょう。　(10点×3)

(1) パンの原りょうには、小麦
があります。小麦は、どこの
国から来ていますか。

（　　　　　）と（　　　　　）

(2) 小麦は、何によって日本に
運ばれていますか。

（　　　　　　　　　）

小麦やトウモロコシや、鉄をつくる鉄鉱石などをつみこんで運ぶ船を「ばらづみ船」というよ。

©株式会社商船三井

一度にたくさん運ぶためにつぶのままつみこまれています。どちらかにかたよらないように、船の中はこんな形をしているよ。

④ 食品工場ではたらく人たちは、安全なせい品を
つくるために、服そうに気をつけています。決め
られた服を着るほかに何を身につけていますか。
右の写真を見て、（　）に○をつけましょう。　(10点×2)

（　　　）マスク　　（　　　）ゴーグル

（　　　）ぼうし　　（　　　）運動ぐつ

イメージマップ

作業1 なぞってかきましょう。

① 火事、急病・けがの
　　　　　通ほう

② 消ぼうしょ

・ぼう火服

医者の指じの
もとで手当て
をするよ。
©伊丹市消防局

・救急救命士（消ぼうし）

©伊丹市消防局

・はしご車

消ぼうしょ

（救急車）　（救急車）　（消ぼう車）

通しん指れい室

©伊丹市消防局

急病・けがの通ほう

119番

火事の通ほう

119番

「消火せんの水がよく
出るようにして下さい。」

水道局

「火事を消すきょうカ
をしてください。」

火事のげん場

「あぶないので、
止めてください。」

「けが人を
運びます。」

「交通整理を
お願いします。」

消ぼうだん
（地いきの人で
つくられた消
ぼうそしき）

電力会社

ガス会社

病院

けいさつしょ

（パトカー）

大きな火事が起こったときは、ほかの市や町の消ぼうしょ
にもきょうカをもとめることもあります。

③ 学校のぼう火せつび

水が出るところだよ。

あわのような薬品
が出て火を消すよ。

火事が発生したとき
に知らせてくれるよ。

とびらをしめて、火がもえ
広がるのをふせぐよ。

高い階からひなん
するときに使うよ。

①消火せん

②消火き

③火さいほう知き

④ぼう火とびら

⑤ひじょう階だん

火事をふせぐ 消ぼうしの仕事

① 次の（　）にあてはまる言葉を、□□□からえらんでかきましょう。

消ぼう車は急いでげん場にかけつけるために
（①　　　　　　　　）を鳴らしながら走ります。火事の
（②　　　　　　　　）や大きさによって出動する消ぼう車のしゅるいや台数がちがいます。げん場についたら、ホースを
（③　　　　　　　　）につないで、水を出して消火にあたります。

> 場所　消火せん　サイレン

② 次の文は、消ぼうしょを見学したときにまとめたメモです。せつ明文とかんけいする写真を、線でむすびましょう。

救急救命士

はしご車

提供：伊丹市消防局
ぼう火服

・　　　　　・　高いたて物が火事になったときに消火・救助活動ができる。

・　　　　　・　じょうぶでやぶれにくく、およそ1200度の熱に10秒くらいたえることができる。

・　　　　　・　病院につくまでに、医者の指じのもとに、ひつような手当てをしている。

③ 次の表を参考にして、消ぼうしの仕事について（　）にあてはまる言葉を、□□□からえらんでかきましょう。

	1日目	2日目	3日目
田中さん	きんむ	非番	休み
山本さん	休み	きんむ	非番
中村さん	非番	休み	きんむ

非番とは、前日からのきんむを終えた日のことをいうのよ。

① 消ぼうしはだいたい（　　　　　　）時間交代できんむします。

② 火事のときには20kgものそうびで活動するので、ふだんから（　　　　　　）はかかせません。

> 12　24　くんれん　昼ね

④ 次の文で消ぼうしょの仕事として、正しいものに○をつけましょう。

（　）消ぼうしょは、自分たちの町や市でおきた火事だけでなく、近くの町や市の火事にも出動する。

（　）消火のとき、家庭の水道の水をかりて、大量に出るようにしている。

（　）救急車の中では、医者のかわりに手じゅつをしている。

（　）ぼう火やひなんくんれんの指どうを行っている。

（　）消火きなどをつくっている。

火事をふせぐ
消ぼうしの1日とぼう火せつび

1　次の図は、消ぼうしの1日をまとめたものです。あてはまる言葉を□□□からえらんで、（　）に記号をかきましょう。

③（　　　）

交代・引きつぎ

①（　　　）

ぼう火しどう

12：00

⑤（　　　）

②（　　　）

17：00

くんれん

④（　　　）

8：30

かみん

提供：伊丹市消防局

火事にそなえて、くんれんや点けん、整びなどさまざまな活動をされているんだね。

ア　体力づくり	イ　消火せんの点けん	ウ　車両の点けん
エ　9：00	オ　12：30	カ　22：00

2　学校には、火事が起こったときのためのせつびがあります。次の図は、そのせつびがどこにあるかしめしたものです。

・火事を消すせつび
　→◎消火せん　○消火き
・火事を広げないせつび
　→□ぼう火とびら
・火事を知らせるせつび
　→△ねつ感知き
　　▲けむり感知き
　　◆火さいほう知き
ひなんせつび→ひじょう階だん

(1)　次の写真は上の図にあるせつびのどれにあたりますか。（　）に名前をかきましょう。

あ（　　　　　）　い（　　　　　）　う（　　　　　）

え（　　　　　）　お（　　　　　）

ひなんするときのやくそく
お　おさない
は　走らない
し　しゃべらない
も　もどらない

(2)　学校の通りには、右の写真のかん板があります。このかん板はどのようなせつびですか。正しいものに○をつけましょう。

（　　）消火のための水を出すところ
（　　）消火に使う水をためておくところ

火事をふせぐ(1)

1　次の図は、消ぼうの仕組みについてかいたものです。

(1) 火事を消ぼうしょに知らせるとき、何番に電話しますか。

　　　　　　　　　　　　　　　番　(8点)

(2) 次の□にあてはまる言葉をかきましょう。　(4点×2)

　　通ほうするときは、2つの大切なことがあります。

　　まず、① □ か、病気やけがの「救急」かをはっきり

　　つたえます。次は、② □ です。近くの目じるしに

　　なる物を言うことも大切です。

(3) 通信指令室から、「病気やけがの人がいる」というれんらく
　　を受けて、消ぼうしょから出動する自動車は何ですか。　(8点)

　　　　　　　　　　　　（　　　　　　　）

(4) (3)の自動車に乗り、医者の指じのもとに、ひつような手当て
　　をする人を何といいますか。(8点)　（　　　　　　　）

(5) 通信指令室は、火事のげん場のようすにあわせて、いろいろ
なところにれんらくします。どこにれんらくしますか。[　　]
からえらんで記号でかきましょう。　(7点×4)

① 消火せんの水がよく出るようにする。　　　　（　　）

② 火事が大きくならないように、ガスの元せんをしめる。（　　）

③ 消火活動がしやすいように、交通整理をする。　（　　）

④ 消火や救助活動をする。　　　　　　　　　　（　　）

┌─────────────────────────────┐
│ ⑦けいさつしょ　④消ぼうしょ　⑦ガス会社　④水道局 │
└─────────────────────────────┘

(6) 左の図を見て、（　）にあてはまる言葉をかきましょう。(6点×2)

　　早い時期での消火を助けるために、地いきの人たちでつくら

　れた①（　　　　　　　）にもれんらくがいきます。また、大きな

　火事のときは、ほかの市や町の②（　　　　　　　）にもおうえん

　をたのみます。

2　次の①～④の文のうち、消ぼうしの仕事には○を、そうでない
ものには×をつけましょう。　　　　　　　　　　(7点×4)

① （　　）学校のぼう火くんれんのきょう力をする。

② （　　）人が多く集まるデパートやスーパーの消どくをする。

③ （　　）道がせまいと消ぼう車が通れないので、道を広げる。

④ （　　）町の消火せんなど、ぼう火せつびを点けんする。

火事をふせぐ(2)

1 次の写真は消ぼうしの活動をとったものです。（ ）にあてはまる言葉を、 ┆┄┄┆ からえらんでかきましょう。

（6点×3）

（　　　　　） （　　　　　） （　　　　　）

©伊丹市消防局

┌┄┄┄┄┄┄┄┄┄┄┄┄┄┄┄┄┄┄┄┄┄┄┄┄┄┐
くんれん　　ぼう火指どう　　車両の点けん
└┄┄┄┄┄┄┄┄┄┄┄┄┄┄┄┄┄┄┄┄┄┄┄┄┄┘

2 火事が起こったとき、げん場にすぐにかけつけられるように、消ぼうしはどのようなくふうをしていますか。（ ）にあてはまる言葉を、 ┆┄┄┆ からえらんでかきましょう。

（6点×4）

消ぼうしのきんむは、当番・（①　　　　　）・休みに分けられ、当番のときは（②　　　　　）時間はたらいています。（③　　　　　）から出動の指令があると、すぐにとび出せるように（④　　　　　）には消火そうびをまとめておいています。

©伊丹市消防局

┌┄┄┄┄┄┄┄┄┄┄┄┄┄┄┄┄┄┄┄┄┄┄┄┄┄┐
ロッカー　　ひ番　　24　　通しん指れい室
└┄┄┄┄┄┄┄┄┄┄┄┄┄┄┄┄┄┄┄┄┄┄┄┄┄┘

3 次の図は学校にあるぼう火せつびを表しています。

（二階平面図）

◎ 消火せん
○ 消火き
□ ぼう火とびら
△ ねつ感知き
▲ 火さいほう知き

(1) 次の4つのはたらきにあうせつびの名前をかきましょう。
　① 火事を知らせるためのせつび
　　（7点×6）
　　（　　　　　）（　　　　　）
　② 火事を消すためのせつび
　　（　　　　　）（　　　　　）
　③ 火事がもえ広がるのをふせぐせつび　（　　　　　）
　④ 火事が起こったときに、安全ににげるためのせつび
　　（　　　　　）

(2) あなたは3年B組だったとします。理科実験室から火が出ました。あ〜おのどの階だんを使ってひなんするのがよいですか。
　□（6点）

(3) ひなんするときに気をつけなければならないことをかきましょう。
　（10点）（　　　　　　　　　　　　）

イメージマップ

 作業1 なぞってかきましょう。

① 交通事この通ほう

けいさつしょが、町の中にせっちしているしせつだよ。事こが起きたときや、まい子のほごなどいろいろな仕事をしているよ。

白バイ

交番

スピードい反や、ちゅう車い反などの交通い反をとりしまります。

② 事こが起きたとき

①けいさつかんの仕事　　②消ぼうしの仕事

©伊丹市消防局

| 事このようすと原いんを調べる | 交通整理をする | けが人を病院へ運ぶ |

110番通ほう

交番

けいさつしょ

パトカー

通しん指れい室

消ぼうしょ

きゅう急車

交通かんせいセンター

交通事このげん場

③ けいさつかんの仕事

| ちゅう車い反の取りしまり | 道あんないや落とし物などの相談 | 交通安全教室（青空教室） |

事この原いん

ポイント　交通事このけん数と原いんをグラフから学びましょう。

① 次の表は、小学生が自転車に乗っていたときに起きた交通事この原いんをしめしたものです。あとの問いに答えましょう。

事この原いんが子どもにあったとき	
い反べつ	けん
信号で止まらなかった	6
交さ点で注意して進まなかった	38
一時てい止しなかった	62
ハンドルやブレーキを正しく動かしていなかった	26
前方をよく見ていなかった	18
安全かくにんをしなかった	94

警視庁調べ

(1) 原いんの中で一番多いのは何ですか。

（　　　　　　　　）

(2) 起こった事こは、全部で何けんありますか。（　　　　　）けん

(3) 交通事こが多い時間たいに〇をつけましょう。

（　　）深夜のみんながねている時間

（　　）登校の時間

（　　）きゅう食の時間

（　　）夕方の時間

時間たいべつ発生じょうきょう

（けん数）
発生けん数

400 / 300 / 200 / 100 / 0

358
223
103
79　86
40　47
22　0　2　4

6〜8　8〜10　10〜12　12〜14　14〜16　16〜18　18〜20　20〜22　22〜0　0〜2　2〜4　4〜6（時）

警視庁調べ

② 次のグラフは、事こにあったときの小学生の学年とそのときのようすをしめしたものです。

（けん数）

250 / 200 / 150 / 100 / 50 / 0

自転車乗車中　　歩いていたとき

小1：40／109
小2：74／107
小3：109／79
小4：127／64
小5：118／29
小6：85／24

警視庁調べ

(1) 次の交通事こにあうのは小1と小6のどちらが多いですか。（　）にかきましょう。

（　　　　）自転車に乗っていたとき　　（　　　　）歩いていたとき

(2) 事こにあったけん数が、一番多いのは何年生ですか。

（　　　　　　　　）

(3) 右の写真のガードレールには、どのようなはたらきがありますか。正しいものに〇をつけましょう。

（　　）自動車が歩行者にぶつかるのをふせぐ。

（　　）歩行者が道路を安全に横だんできる。

（　　）まがり角の先のようすがわかる。

交通事こや事けんをふせぐ
事こが起きたら

① 交通事こが起きたとき、どうすればよいのか、次の絵を見て、あとの問いに答えましょう。

(1) 事こが起きたときは、何番に通ほうしますか。

(　　　　　)

(2) 通ほうした電話は、どこにつながりますか。

(　　　　　)

(3) 通ほうした人にたずねることとして、正しいものに○をつけましょう。

(　　) 事このようす（けが人がいるかどうかなど）

(　　) この日の天気のようす

(　　) 事この場所

(　　) 通ほうした人の名前と電話番号

(4) 交通事こが起きたとき、交通じょうほう板などを通して、事こを知らせる仕事をしているところはどこですか。図からえらびましょう。

(　　　　　　　　　　　　　)

② 次の絵は交通事このげん場のようすを表しています。①〜④の人たちの仕事のせつ明にあう文と線でむすびましょう。

① ●

● 事このようすをほうこくしたり、ひつようならおうえんをよんだりする。

② ●

● けが人を手当てして救急車で運ぶ。

③ ●

● げん場の交通整理をする。

④ ●

● 事この原いんを調べる。

けいさつかんの仕事

1 次の写真は、けいさつかんの仕事を表しています。

 ⓐ
 ⓒ
 ⓓ

(1) それぞれどんな仕事ですか。 からえらんで、 □にかきましょう。

ⓐ [　　　　　　　]　　　ⓑ [　　　　　　　]

ⓒ [　　　　　　　]　　　ⓓ [　　　　　　　]

```
交通安全教室　　道あんない　　ちゅう車い反
地いきの見回り
```

(2) 右の写真は、けいさつのしせつの一つで、主に駅前などにおかれ、道あんないをしたり、落とし物を受けつけたりしています。このしせつを何といいますか。

（　　　　　　　）

月　日　名前

2 次の表を見て、あとの問いに答えましょう。

時こく	仕事
9：00	ひきつぎ
9：30	地いきのパトロール
11：00	地いきの家庭をたずねて、ぼうはん指どう
13：30	学校で①交通安全教室を開く
16：00	学校のまわりをパトロール
18：00	交番で落とし物の相談や道あんないなど
20：00	交番で事む
22：00	休けい、日しをつける
23：30	地いきのパトロール
7：00	学校前で交通指どう
9：00	交代

(1) けいさつかんは何時間はたらいていますか。　（　　　　　　）

(2) 一番多くしている仕事は何でしょうか。次からえらびましょう。

（　　　　　　）

ア　パトロール　　イ　交通整理
ウ　交通指どう　　エ　道あんない

(3) 下線部①の交通安全教室で行われている正しい自転車の乗り方について、正しいものに○をつけましょう。

（　　）自転車は、けいたい電話を見ながら走ってもよい。

（　　）夜はライトをつけて走る。

（　　）二人乗りをしてもよい。

3 次の（　）にあてはまる言葉を、 からえらんでかきましょう。

けいさつかんは、町の（①　　　　　）を守り、わたしたちが（②　　　　　）してくらせるようにするのが仕事です。

```
安心　安全
```

交通事こや事けんをふせぐ
事こをふせぐせつびと取り組み

1　次の写真は、道路にある安全のためのせつびです。その名前を□□□から、役わりを□からえらんで記号をかきましょう。

①

②

③

④

⑤

⑦カーブミラー
①点字ブロック
⑦歩道橋
①道路ひょうしき
⑦横だん歩道

あ交通安全の決まりやあんないをしめすためのかん板。
い歩行者が安全に道路をわたるための橋。
う道にしかれた丸い点のあるブロックで、目の不自由な人に注意をよびかけるせつび。
え広いはんいが見えるかがみで、道路の曲がっている所や、見通しの悪い交さ点などにとりつけて道の先をうつす。
お道路に白いペンキでかかれていて、人や自転車が道路をわたるところをしめしている。

	①	②	③	④	⑤
名前					
役わり					

2　安全なまちづくりについて行っている写真や図とせつ明文を、線でむすびましょう。

©伊丹市

お店や家に子どもたちが助けをもとめることができるようにしている。

地いきの人などが市ときょう力して下校時間に小・中学校のまわりをパトロールしている。

子どもたちの登下校の時間に、地いきの人たちが交代で立ち番をしている。

事こや事けんをふせぐため、あぶない場所や安全な場所がかきこまれた地図をつくっている。

交通事こや事けんをふせぐ

① 次の絵は事こが起こったときのようすを表しています。あとの問いに答えましょう。

(1) 次のようすは、⑦〜⑰のどの場面ですか。（　）に記号をかきましょう。

(6点×6)

（　）けいさつかんが事このげん場で交通整理をしている。

（　）事こを発見した人がけいさつに電話をしている。

（　）救急車で、けが人を運んでいる。

（　）指令をうけて、パトカーがげん場に向かう。

（　）じゅうたいが起きないように、電光けいじ板で事こを知らせる。

（　）事このようすや原いんをその場で調べる。

(2) 事こが起こってから、しょりするまでのじゅん番を記号を使って表しましょう。

(6点×5)

```
                    けいさつ □ → □ → ⓦ
□ → 通信指令室 →   救急 □ → 病院
                    道路 □
```

(3) 事こでけが人がいるようです。通信指令室からどこに知らせますか。（6点）

（　　　　　　　　　　）

(4) 次の文は、けいさつしょに事この発生を知らせたものですが、文には大事なことがぬけています。それを2つかきましょう。

「もしもし、今、車と子どもの乗った自転車が交さ点で、ぶつかりました。早く来てください。」

(5点×2)

② 次の写真はけいさつかんが、何をしているところですか。□□□からえらんでかきましょう。

(6点×3)

（　　　　　　　） （　　　　　　　） （　　　　　　　）

地いきの見回り　　見守り活動　　落とし物の相談

昔の遊び

① 次の写真は、昔の遊びの道具です。

けん玉

めんこ

がりがりとんぼ

ふくわらい

©千葉県立中央博物館大利根分館

©千葉県立中央博物館大利根分館

すごろく

こま

はごいた

たこ

まり

©伊丹市立博物館

©千葉県立中央博物館大利根分館

(1) （　）にあてはまる言葉を上からえらんでかきましょう。④は「おいばね」の道具をえらんで、名前をかきましょう。

もういくつねると　お正月
お正月には　（①）あげて
（②）をまわして　遊びましょう
はやくこいこいお正月

もういくつねると　お正月
お正月には　（③）ついて
④おいばねついて　遊びましょう
はやくこいこいお正月

	遊びの道具
①	
②	
③	
④	

(2) (1)のほかに次のせつ明にあうお正月の遊び道具を写真からえらんで、名前をかきましょう。

① 受け皿のようになったところと、けんのように先が出ているところに、ひもにつるされた玉をいどうさせる遊び。

② 「わらう門には福来る」とえんぎがいい遊び。

③ 昔は、どろで人の顔（面）をつくった「どろめんこ」を、われるまでうちつけたり、ぶつけたりして遊んでいた。

④ 竹のギザギザになったところをぼうで前後にこすると、先についているプロペラが回る遊び。

⑤ サイコロをふってコマを進めるので、みんなで楽しめてその年の運だめしにもなる。

①		②		③	
④		⑤			

② 次の遊び道具で使っているものを線でむすびましょう。

①ポンポン船　②あやとり　③ブンブンごま　④やじろべえ

・　　　　　・　　　　　・　　　　　・

・　　　　　・　　　　　・　　　　　・

⑦ひも　　⑦ろうそく　　⑦どんぐり　　⑦ボタン（2つあな）

① 昔と今の道具

はたらき	昔		今
ごはんをつくる	かまど	はがま	すいはんき
	©箕面市立郷土資料館		©パナソニック株式会社
ごはんをほ温する	ふご（わらであんだかごにおひつを入れたもの） ©伊丹市立博物館		すいはんき ©パナソニック株式会社
そうじをする	ほうき ©箕面市立郷土資料館		そうじき ©パナソニック株式会社
部屋を明るくする	ランプ	電球	LEDのけい光とう
	©箕面市立郷土資料館	©大東市教育委員会	©パナソニック株式会社
だんぼうをする	火ばち	いろり	エアコン
	©箕面市立郷土資料館		©パナソニック株式会社
せんたくをする	たらいとせんたく板 ©箕面市立郷土資料館		ドラム式せんたくき ©パナソニック株式会社
食事をする台	はこぜん ©伊丹市立博物館		テーブル

はたらき	昔		今
ぬののしわをのばす	コテ ©箕面市立郷土資料館	炭火アイロン ©大東市教育委員会	アイロン ©パナソニック株式会社

② 昔と今の道具のよいところと悪いところ

	昔	今
よいところ	水やねんりょうをたくさん使わない。	かんたんで、すぐできる。
悪いところ	手間がかかり、すぐにできない。力がひつよう。	電気やねんりょうをたくさん使う。

昔の食事のようす　　**今の食事のようす**

① ごはんを入れている　　② 食事をする台
③ 料理をつくったり、温める　　④ 明るくする

① 次の写真は、昔の生活で使われていた道具です。⑦～④は何を
するための道具か、 [____] からえらんで、かきましょう。

⑦　かまど　　　はがま

©箕面市立郷土資料館　©箕面市立郷土資料館

（　　　　　　　）

④　火ばち　　　いろり

©箕面市立郷土資料館

（　　　　　　　）

⑦　ランプ　　　電球

©箕面市立郷土資料館　©大東市教育委員会

（　　　　　　　）

④　コテ　　　炭火アイロン

©箕面市立郷土資料館　©大東市教育委員会

（　　　　　　　）

ごはんをたく　　ぬののしわをのばす　　だんぼうをする
部屋を明るくする

② 次の写真は、せんたくをするための道具です。

(1) 昔と今の道具についてせつ明した文を、⑦～④からそれぞれ
　2つずつえらびましょう。

たらいとせんたく板	ドラム式せんたくき
©箕面市立郷土資料館	©パナソニック株式会社
（　・　）	（　・　）

⑦ せんたく物を一まい一まい手でこすってあらう。
④ せんたく物にあわせたあらい方をえらべる。
⑦ 電気を使わない。
④ 一度にたくさんの物があらえる。

(2) 昔使われていた道具を見たり、さわったりするにはどこに行
けばよいですか。正しいものに○をつけましょう。

（　　）消ぼうしょ　　　　（　　）けいさつしょ
（　　）農業協同組合　　　（　　）はく物館
（　　）きょう土しりょう館（室）

今にのこる昔のくらし
昔の道具とくらし(2)

1 次の昔の道具は、今のどの道具にあたりますか。 □□□からえらんで、かきましょう。

①
©箕面市立郷土資料館

②
©箕面市立郷土資料館

③
©大東市教育委員会

(　　　　)　(　　　　)　(　　　　)

> せん風き　トラクター　電たく

2 次の絵を見て、あとの問いに答えましょう。

(1) 次の( )にあてはまる言葉をかきましょう。

昔は、まだ(① 　　　)がなかったので、(② 　　　)から(③ 　　　)で水を運ぶお手つだいを子どもがしています。おばあさんは、(④ 　　　)にまきを入れて、火をおこしてりょう理をしています。

> い戸　かまど　水道　おけ

ポイント　昔の道具が、今の道具にどのようにかわってきたのかを知りましょう。

(2) 2人はどんな服そうですか。
着ているもの　(　　　　　　)
はいているもの　(　　　　　　)

3 次の問いに答えましょう。

(1) くらしのへん化についてせつ明した㋐〜㋑の文を古いじゅんにならべかえましょう。

㋐ かまどで火をおこしてりょう理をしていた。

㋑ 外出先からスマートフォンを使って、クーラーやおそうじロボットの電げんを入れることができるようになった。

㋒ ねんりょうとしてガスが使われるようになり、マッチで火をつけるガスコンロが使われた。

㋓ 電気やガスを使って、自動でごはんをたくすいはんきが広く使われるようになった。

(　)→(　)→(　)→(　)

(2) 手作業から電気せい品が多く使われるようになってきたことで、家の仕事にかかる時間はどうなりましたか。

(　　　　　　　　　　　　　　　　　)

今にのこる昔のくらし

1 次の絵を見て、あとの問いに答えましょう。 (10点×5)

① 　　②

(1) ①と②は何をしているところですか。　（　　　　　　）

(2) ①と②は、「今」「昔」のどちらを表していますか。
　①（　　　　　　）　　②（　　　　　　）

(3) ①の絵のせつ明として、正しいものに〇をつけましょう。

（　　）①のころは、電気を使った道具がなかったので、りょう理をするのに時間がかかりました。

（　　）①のころはテレビを見ながら食事を楽しんでいました。

（　　）①のころは、水道がなかったので、井戸から水をくんで、ふろ場や台所までおけで水を運んでいました。

2 ①～⑤は昔から使われていた道具です。それぞれの名前を┄┄┄からえらんで、その記号を（　）にかきましょう。また、今はどのようにかわっているか、線でむすびましょう。 (5点×10)

①
©箕面市立郷土資料館
（　　）●　　　● 全自動せんたくき

②
©箕面市立郷土資料館
（　　）●　　　● そうじき

③
©金沢くらしの博物館
（　　）●　　　● スマホ

④
©箕面市立郷土資料館
（　　）●　　　● すいはんき

⑤
©箕面市立郷土資料館
（　　）●　　　● 水道

┄┄┄┄┄┄┄┄┄┄┄┄┄┄┄┄┄┄┄┄┄┄┄┄
⑦ ほうき　　④ ポンプ(井戸)　　⑦ かまど
④ 黒電話　　⑦ せんたく板とたらい
┄┄┄┄┄┄┄┄┄┄┄┄┄┄┄┄┄┄┄┄┄┄┄┄

2025年に大阪万博が開かれます。50年ほど前にも、大阪の吹田市というところで万国博覧会が開かれたんだよ。また、吹田市と、おとなりの豊中市に、日本ではじめての計画住たく都市（千里ニュータウン）がつくられたんだ。

※文化や最新の技術を紹介するなど国際交流を深めるために開かれるもの。

どうして、「千里ニュータウン」がつくられたの。

大阪市に人口が集中したので、住たくが不足したんだ。選ばれた場所が大阪市に近い千里丘陵。丘陵とは山地よりひくく、台地や平地よりも高くて、起ふく（高くなったりひくくなったりしている）が大きい地形のこと。そのころの千里丘陵には竹林の間に田畑が広がっていたんだよ。

千里ニュータウンの位置

吹田市の地形と交通

80m 以上	
60〜80m	
40〜60m	
20〜40m	
0〜20m	

① 1929年の山田村のまわり

谷間に一本の道にそって、山田村ってあるわ。そのまわりは田になっているわね。これから、同じ場所がどのようにかわっていくか見てみましょう。

このころは、電車ではなくて蒸気機関車が走っていたんだね。

©野口昭雄

昔の東海道本線を走る蒸気機関車

イメージマップ

② 1967年の吹田市北部

西がわには藤白台、古江台、津雲台団地ができ始めているね。

③ 2001年の吹田市北部

大学病院　モノレール

東がわの丘陵地が万博記念公園にかわり、そのまわりには集合住宅や大学病院などのたて物、モノレールなどができているよ。

千里ニュータウンのけんせつが始まったころ（1964年）

まだ竹林がのこっているけど、団地がつくられているね。

©野口昭雄

大阪府営吹田竹見台住宅（2015年）

古い団地のたてかえが始まって、高層住宅になっています。

©大阪府住宅まちづくり部

イメージマップ

① 千里ニュータウンの年表

1950年	千里ニュータウンの計画が始まる。
1962年	まちびらき。少しずつ住めるようになる。
1963年	阪急電車が千里ニュータウンにつながる。
1964年	（東京オリンピック・東海道新幹線開業）
1967年	ウルトラマンが千里ニュータウンを舞台に怪獣ゴモラとたたかう場面がテレビで放映される。
1970年	北大阪急行電鉄が開通。大阪万博が開かれる。千里ニュータウン完成。
1990年	大阪モノレールが開通。
2000年	団地のたてかえがふえる。

©野口昭雄

▶1970年の万博会場

② 吹田市立博物館

吹田市立博物館では、当時使われていた冷ぞうこやせんたくきなどがおかれていて、さわることもできるのよ。

▼1950年代後半

せんたくき

ドアと台所

れいぞうこ

▲1950年代後半　▲1973年製

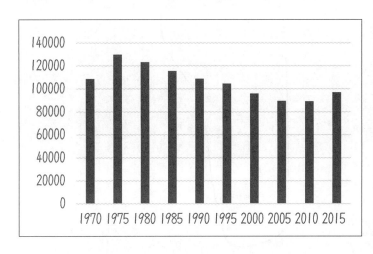③ 現在の千里ニュータウン

千里ニュータウンの人口の変化

人口は1975年の13万人から、へりつづけていたけど、団地のたてかえなどによって2010年ごろから少しずつふえてきているよ。小学校のじどう数もふえ、昔からの住民（70〜80代）と、最近入ってきた30〜40代の住民の2つの世代に分かれているんだ。

千里ニュータウンの年れい別人口

■0〜14さい　■15〜64さい　■65さい以上

ニュータウンの町づくりについては、多くの市民団体ができ、市や会社、せん門家などと話し合いをしながら取り組んでいるんだ。

千里ニュータウンは、外国の人や高れい者など、すべての人が幸せにくらせる町づくりを目指しています。

吹田市立博物館
学芸員　五月女さん

ポイント　年代ごとの地図を見くらべて、市がどのようにかわってきたかを学びましょう。

① 1929年

② 1967年　千里ニュータウン

③ 2001年

⑦

©野口昭雄

□ 地図を見てあとの問いに答えましょう。

(1) 千里ニュータウンは、どのようにしてつくられましたか。上の地図を見て、正しいものに〇をつけましょう。

（　　）海をうめたててつくった。

（　　）山や丘を平らにけずってつくった。

（　　）古い団地やショッピングセンターをたてかえてつくった。

(2) ⑦の写真は、①〜③のどの年のものか番号をかきましょう。

（　　　）

(3) ①〜③の地図からわかることを、（　）に〇をつけましょう。

（　　）1929年の地図では、1本の道にそって村があり、村のまわりは田に使われている。

（　　）1967年の地図では、千里ニュータウンのけんせつが始まり、かつて丘だったところに団地がつくられている。

（　　）1967年の地図では、団地が東がわに集まってつくられている。

（　　）2001年の地図では、さらにたて物の数がふえ、自動車道や鉄道がつくられている。

（　　）2001年の地図では、万博記念公園の中に国立民族学博物館がある。

市のうつりかわり
人口や交通のへん化

1　次のグラフを見て、あとの問いに答えましょう。

千里ニュータウンの年れい別人口

① ■ 0～14さい　② ■ 15～64さい　③ ■ 65さいい上

(1) 人口が一番多いのは、何年で、およそ何人ですか。

（　　　　　　　）年　およそ（　　　　　　　）人

(2) グラフを見て、正しいものに○をつけましょう。

（　　　）1975年からずっとふえている。

（　　　）人口は、1975年からかわっていない。

（　　　）1975年から少しずつへってきて、2010年から少しず
つふえてきた。

(3) 1975年からふえつづけている年れいをかきましょう。

（　　　　　　　　）

(4) 次のサービスは、上のグラフのどの年れいに対して行われま
すか。（　）に①～③の番号をかきましょう。

（　　　）子育てサービス　　　（　　　）かいごサービス

2　次の地図は、吹田市の地形を表しています。あとの問いに答え
ましょう。

80m 以上
60～80m
40～60m
20～40m
0～20m

(1) 土地が高いのは、北部
と南部のどちらですか。

（　　　　　　　）

(2) 中国自動車道は、どの
方位に通っていますか。
正しいものに○をつけま
しょう。

（　　　）南北

（　　　）南東

（　　　）東西

(3) この地いきを通っている道路と鉄道をかきましょう。

① 中国自動車道とならんでいる鉄道　（　　　　　　　　）

② 40ｍ以上の高いところを南北に通っている鉄道

阪急（　　　　　　）線

③ ②とならんでいるような鉄道　（　　　　　　）急行電鉄

④ JR東海道本線とならんでいるように走っている道路と鉄道

（　　　　　）高速道路　阪急（　　　　）線

地図と方位・店ではたらく人びと

① 次の地図を見て、あとの問いに答えましょう。

(1) 山田駅から見て、次の地図記号がある方位とその名前を、□からえらんでかきましょう。方位は八方位でかきましょう。

〈知識・技能〉(4点×16)

	記号	方位	名前		記号	方位	名前
①	◎			②	⊤		
③	⊞			④	⊗		
⑤	卍			⑥	☼		
⑦	文			⑧	Y		

学校　工場　けいさつしょ　病院
寺　消ぼうしょ　ゆうびん局　市役所

(2) 左の地図を見て、次の文で正しいもの3つに〇をつけましょう。

〈知識〉(4点×3)

(　) 商店がいには、肉屋さんがある。

(　) パン屋さんは、商店がいの中に1けんだけある。

(　) べん当屋さんは、商店がいにある。

(　) この町には、スーパーマーケットよりコンビニエンスストアの方が多い。

(　) ⑧のスーパーマーケットのまわりは田んぼだけである。

② 次の文は、⑦商店がい、⑦スーパーマーケット、⑦コンビニエンスストアのどれを表していますか。(　) に記号をかきましょう。

〈知識〉(4点×6)

(　) 品物のしゅるいやりょうが多いので、短い時間でたくさんの買い物ができる。

(　) 店の人と知り合いになって、話をしながら買い物ができる。

(　) 買い物の相談にのってくれて、おまけをしてくれることもある。

(　) 朝早い時間や夜おそい時間でも開いているので、足りなくなったものが買える。

(　) 広いちゅう車場があるので、自動車でたくさんの買い物ができる。

(　) 買い物だけでなく、お金を引き出したりする銀行の役目もしてくれる。

畑(はたけ)・工場ではたらく人びと

1 次(つぎ)の表(ひょう)は、野(や)さいをつくっている時期(じき)を表(あらわ)しています。あとの問(と)いに答えましょう。

	1月	2	3	4	5	6	7	8	9	10	11	12
(きゅうり)		Ⓐ						ろ地さいばい			Ⓐ	
(トマト)			Ⓐ									Ⓐ

(1) 外でつくられている野さいと時期(じき)をかきましょう。〈技能〉（5点×2）

（　　　　　）〔　　　〕~〔　　　〕月

(2) Ⓐの時期では、右のしせつを使(つか)って野さいをつくっています。これを何といいますか。〈知識〉（8点）（　　　　　　　）

(3) 野さいが高く売れるように気をつけていることと、くふうをかきましょう。〈知識〉（6点×5）

① 気をつけていること…（　　　）と（　　　）をそろえる。

② くふう

　⑦ つくる時期を（　　　　　　）。

　④ ほかで（　　　　　）野さいをつくる。

　⑦ （　　　　　）土地でもたくさんつくる。

> せまい　形　つくらない　ずらす　大きさ

2 次の絵(え)は、パン工場でのようすを表しています。絵のせつ明にあう文をえらんで（　）に記号(きごう)をかきましょう。　〈知識〉（6点×5）

① （　）⇒ ② （　）⇒ ③ （　）

⑤ （　）⇐ ④ （　）

> ⓐ パンをやく。　　　　ⓘ パンのふくろづめ。
> ⓤ パンの原(げん)りょうを運(はこ)ぶ。　　ⓔ 生地(きじ)づくり（ざいりょうをねる）。
> ⓞ パン生地をケースに入れてふくらませる。

3 次の表を見て、あとの問いに答えましょう。

	午前											午前											
	1	2	3	4	5	6	7	8	9	10	11	12	1	2	3	4	5	6	7	8	9	10	11	12
パンをつくる人																						（3交代）		
事(じ)むの人												休けい											
配(はい)たつの人						休けい																		

(1) 配(はい)たつの人は、何時からはたらいていますか。〈技能〉（6点）

〔　　　〕時から

(2) なぜ(1)からはたらくのですか。〈思考〉（8点×2）

パンは、（　　　　　）に買いにくる人が（　　　　　）から。

安全なくらしを守る

月　日　名前　　　　　　　／100点

① 次の図を見て、あとの問いに答えましょう。 (6点×10)

(1) 火事を知らせるときは、110番と119番のどちらですか。

（　　　　　　　）番 〈知識〉

(2) (1)は、どこにつながりますか。〈知識〉 （　　　　　　　）

(3) (1)にかけるときに大事なことをかきましょう。 〈知識〉

① （　　　　　）か「救急」かを言う。

② （　　　　　）と近くの（　　　　　）になるたて物などを言う。

```
場所　　目じるし　　火事
```

(4) 次のところとかんけいする文を線でむすびましょう。 〈知識〉

① ガス会社 ・　　　・⑦消火せんの水がよく出るように。

② けいさつしょ・　　　・①交通整理をする。

③ 消ぼうしょ ・　　　・⑦けが人をちりょうする。

④ 水道局 ・　　　・①ばくはつしないよう止める。

⑤ 病院 ・　　　・⑦消ぼう車を出動させる。

② 次の絵は、交通事こが起こったときのようすを表しています。あとの問いに答えましょう。

(1) 交通事こが起こったとき、何番にかけると「通信指令室」にかかりますか。〈知識〉(6点)

（　　　　　　　）番

(2) 通信指令室が次の①と②に連らくするのは消ぼうしょとけいさつしょのどちらですか。「　」にあてはまる言葉をかきましょう。 〈知識〉(6点×2)

「通信指令室」⇒「①　　　　　　　」（けが人を運ぶ。）

「②　　　　　　　」（事このげん場に向かう。）

(3) (2)の①・②から出動する車は、何ですか。 〈知識〉(6点×2)

①（　　　　　　　） ②（　　　　　　　）

(4) 交通整理と、事この原いんを調べるようすを表しているのは図中のあ〜かのどれですか。記号でかきましょう。〈技能〉(5点×2)

交通整理をする〔　　　　　　　〕　　事この原いんを調べる〔　　　　　　　〕

くらしのうつりかわり

① 次の絵を見て、あとの問いに答えましょう。 (5点×10)

照明器具　⑦
電子レンジ　④
すいはんジャー　⑦

(1) 昔の道具の名前を ┊┈┈┊ からえらんでかき、それが今どうなっているかは、図の記号をかきましょう。 〈知識〉

		昔	今
ごはんのほぞん	①		
ごはんを おくところ	②		
りょう理をつくったり 温める	③		
明かり	④		

┊ おひつ　はこぜん　ランプ　いろり ┊

(2) 今と昔で、食べている人は、どうちがいますか。 〈思考〉

　昔はおじいさんや（　　　　　　　）たちといっしょに、今より（　　　　　　　）の人数で食べていた。

② 次の地図は、1970年に大阪万博が開かれた千里ニュータウンのまわりを表しています。あとの問いに答えましょう。 (10点×5)

⑦ (1967)

④ (2001)

(1) 1929年ころは右のような乗り物が走っていました。この名前をかきましょう。 〈知識〉

　　　（　　　　　　　　　）

(2) ⑦の地図中の団地が広がっているのは、地図のどのあたりですか。東西南北で答えましょう。 〈技能〉

　　　　（　　　　　　　）がわ

(3) ④の地図から、わかることを書きましょう。 〈技能〉

交通→道路…（　　　　　　）自動車道が通っている

　　　鉄道…（　　　　　　）千里線、大阪（　　　　　　）が

　　　　通っている

イメージマップ

 作業1 なぞってかきましょう。

《ごみの分別》

ソファ	ふとん	紙くず	生ごみ
大がたごみ	もえるごみ		
しげんごみ	もえないごみ		
かん びん 新聞紙 古着		とうき 電球 ほうちょう	

《しげんごみの活用》

① 識別マーク（素材を見分けるためのマーク）

Ⓐ （スチールかん）　（アルミかん）

Ⓑ （ペットボトル）

Ⓒ （ペットボトル以外のプラスチック）

Ⓓ （だんボールと牛にゅうパック以外の紙）

② 4R運動（3R＋1）

リサイクル（別の製品）

リデュース（ゴミを少なくする）

リフューズ（いらないものはとわる）

リユース（再利用）

③ 家電リサイクル法

いらなくなったテレビ、冷ぞう庫、せんたく機、エアコンは、お店が回しゅうして、メーカーがリサイクルしなければならない。

④ レジぶくろの有料化（2020年から）

《リサイクルの流れ》

スチールかんは、スチールかんや鉄筋、鉄骨にリサイクルされているよ。

かん（アルミ）　再生地金 アルミインゴット（のべぼう）
©福岡アルミ工業株式会社
→ アルミかん　自動車部品

ペットボトル　ペレット
©PETボトルリサイクル推進協議会
→ プラスチックせい品・洋服

紙パック　パルパー
©株式会社丸富製紙
→ トイレットペーパー

《せいそう工場》

ごみをもやした熱で電気をつくったり、温水プールなどにも使われている

えんとつ

クレーン

プラットホーム

ごみピット

はい

焼きゃくろ

中央せいぎょ室

機械室

ほこり、ガスなどを取りのぞく

（最終）しょ分場（うめ立て場）

一部がリサイクル

・セメントの材料
・エコスラグ
・金ぞく

エコスラグは道路で使われるアスファルトのことだよ。

©オリックス資源循環株式会社

ごみはどこへ
ごみ調べ

① 次の中で、ごみにあたるものには（　）に〇をつけましょう。

① （　　　）　② （　　　）　③ （　　　）　④ （　　　）

やぶれたかさ　　こわれたとうき　　今、着ている服　　こわれたそうじ機

② 次のごみは、どのように分けられますか。□□からえらんでかきましょう。

⑦ （　　　　）	① （　　　　）	⑦ （　　　　）
紙くず　生ごみ	こわれたとうき　ほうちょう	ソファ　ふとん
しげんごみ		
⑪ （　　　　）	⑦ （　　　　）	⑦ （　　　　）
新聞　服　ダンボール	空きかん　空きびん	シャンプーなどのボトル　トレイ

大がたごみ　　もえるごみ　　もえないごみ
びん・かん　　プラスチック　　紙・衣類

③ ごみステーションの図を見て、あとの問いに答えましょう。

あなたの町のしゅう集日は

もえるごみ　　もえないごみ　　しげんごみ

毎週 火・金曜　　毎週 水曜　　毎月 第1・3木曜

☆ごみは、決められた日の午前9時までに出してください。

(1) 生ごみや紙くずなどのごみは、いつ出しますか。

毎週（　　　・　　　）

(2) 毎週水曜日に出すごみは、どんなごみですか。

（　　　　）ごみ

(3) ごみの出し方で、正しい文に〇をつけましょう。

（　　　）　いつどこに出してもよい。

（　　　）　もえる・もえない・しげんごみなどに分けて出す。

（　　　）　決められた日の前の夜から出しておく。

（　　　）　決められた日の朝の9時までに出しておく。

④ 次のグラフを見て、あとの問いに答えましょう。

家庭から出された1年間のごみの量
（2018年 大阪市役所資料）

(1) 家庭のごみの中で、多く出されているごみとその量を書きましょう。

（　　　　　）ごみ

約〔　　　　　〕万 t

(2) しげんごみの中で、何が一番多いですか。（　　　　）

ごみのゆくえ

 ポイント　せいそう工場の仕組みと、ごみをへらす取り組みを理解しましょう。

① せいそう工場の図を見て、あとの問いに答えましょう。

もやした熱で電気をつくったり、温水プールなどにも使われる

プラットホーム
②
①
③

中央せいぎょ室
焼きゃくろ
ごみピット

(1) 図の①～③にあてはまる言葉をかきましょう。

①(　　　　　) ②(　　　　　) ③(　　　　　)

(2) ①～③の説明にあてはまる文をえらんで記号をかきましょう。

①〔　　　〕 ②〔　　　〕 ③〔　　　〕

　⑦ ごみをはいにするところ
　⑦ ごみを集めるところ
　⑦ ごみがもえるのを管理しているところ

(3) ごみをもやしたときに出る熱やはいは、何に利用されていますか。

① ごみをもやしたときに出る熱…(　　　　　)をつくる。

② もやしたはい………(　　　　　)などをつくる。

　セメント　ガス　電気

(4) プラットホームからすてられるごみは何ですか。( )に○をつけましょう。

(　　)生ごみ　　(　　)古新聞　　(　　)こわれたテレビ

(5) もやした後にできたはいのほとんどは、トラックによってどこに運ばれますか。(　　　　　　)

② 次のグラフを見て、あとの問いに答えましょう。

(万t) 大阪市のごみの量の変化
200 187.1
180 166.5
160
140 138.9
120
100 107.1 99.3
80
60
40
20
0
1998 2003 2008 2013 2018

提供：大阪市環境局

(1) 1998年と2018年のごみの量をかきましょう。

⑦ 1998年
(　　　　　)万t

⑦ 2018年
(　　　　　)万t

(2) ( )にあてはまる言葉を、□からえらんでかきましょう。

　地いきのスーパーの入り口には、トレイや牛にゅうパックなどの(　　　　　)ボックスが置かれています。また、2020年度からプラスチックの使いすてをへらすために(　　　　　)にお金がいるようになり、お店の人は(　　　　　)の利用をお客さんによびかけています。

　エコバック　回しゅう　レジぶくろ

ごみはどこへ
しげんごみ

 ポイント　しげんごみは、リサイクルされると新たな品物に生まれ変わることを理解しましょう。

① 次の図を見て、あとの問いに答えましょう。

	①	②	③	④	⑤
しげんごみ	（　）	（　）	（　）	（　）	（　）

	㋐	㋑	㋒	㋓	㋔
リサイクル		（アルミホイール）			

(1) 図の（　）にあてはまる言葉を、┄┄┄からえらんで記号をかきましょう。

> ㋐アルミかん　㋑紙パック　㋒びん
> ㋓スチールかん　㋔ペットボトル

(2) しげんごみとリサイクルがつながるように線で結びましょう。

② 次のマークを見て、あとの問いに答えましょう。

(1) 次のマークは、何からできているかを（　）にかきましょう。

①　　　　　　　②　　　　　　　③

（　　　　　　）（　　　　　　）（　　　　　　）

> ペットボトル　プラスチック　紙

(2) 家庭で使われる電気せい品の中には、いらなくなったりこわれたりすると、店が回しゅうしメーカー（せいぞう元）がリサイクル（再利用）しなければならない決まりがあります。その電気せい品について、正しいものに○をつけましょう。

（　　）すいはん器　　　　（　　）冷ぞう庫

（　　）エアコン　　　　　（　　）そうじ機

③ なぜ、ごみを出すときに分別しないといけないのでしょうか。（　）にあてはまる言葉を、┄┄┄からえらんでかきましょう。

> ごみの中には、もう一度（①　　　　　　　　）として使えるものがたくさんあります。ごみを（②　　　　　　　　）して出すと、（③　　　　　　　　）工場で新たな品物に生まれ変わることができるからです。

> リサイクル　しげん　分別

ごみはどこへ
ごみ問題と取り組み

ポイント　ごみをへらす取り組み（４Rと３きり運動）を理解しましょう。

① 次のグラフを見て、あとの問いに答えましょう。

大阪市環境局調べ

(1) 人口とごみの量は、どうなっていますか。

① ⑦　一番人口が多い年

平成（　　　）年

④　⑦のときのごみの量

（　　　　）万t

② ゴミの量　⑦　一番人口が少ない年　平成（　　　）年

④　⑦のときのごみの量　約（　　　　）万t

(2) ①と②をくらべて気づいたことをかきましょう。

人口は（　　　　　　　）が、ごみの量は（　　　　　　　）。

(3) ごみをへらすのための取り組みとして、正しいものに〇をつけましょう。

（　　）よく使うものは、ねだんの安いものを買うようにする。

（　　）買い物に行くときは、エコバッグを使う。

（　　）学校では、落ち葉をたいひにしている。

（　　）古新聞は、もえるごみの回しゅう日に出す。

（　　）印刷して失敗した紙は、うらも使う。

② ごみをへらす取り組みとして、「４R」があります。

(1) 次の①～④が表していることを（　）にかきましょう。

① ごみそのものをへらすこと。　　　　　　（　　　　　　）

② 物をすてずに、くり返し使うこと。　　　（　　　　　　）

③ ごみをしげんに変えて、ふたたび使うこと。（　　　　　　）

④ いらないものはことわること。　　　　　（　　　　　　）

┌──────────────────────────────┐
│ リユース　　リサイクル　　リデュース　　リフューズ │
└──────────────────────────────┘

(2) 次のできごとは、(1)の①～④のどれと関係がありますか。（　）に番号でかきましょう。

（　　）商品のほうそうをなるべくかんたんにしてもらう。

（　　）買い物に行ったとき、必要のないわりばしやスプーンはことわった。

（　　）使わなくなったおもちゃを、いる人にゆずる。

（　　）ペットボトルを決められた日と場所に出す。

③ 次は、家庭でできる「３きり運動」です。図を見て、どんなことかをかきましょう。

①

生ごみをすてるとき
（　　　）

②

残さずに食べる
（　　　）

③

買ったものを残さない
（　　　）

┌────────┐
│ 食べきり │
│ 水きり　 │
│ 使いきり │
└────────┘

ごみはどこへ(1)

① 次の図を見て、家から出たごみを表に分けてかきましょう。

（6点×10）

もえるごみ	もえないごみ	大がたごみ
(　　　　　)	(　　　　　)	(　　　　　)
しげんごみ		
紙類・衣類	びん・かん・ペットボトル	プラスチック
(　　　　　)	(　　　　　)	(　　　　　)

② もえるごみは、せいそう工場に運ばれます。あとの問いに答えましょう。

（5点×8）

(1) 図中の□□にあてはまる言葉を、□□□からえらんでかきましょう。

> 焼きゃくろ　　ごみピット　　中央せいぎょ室
>
> しょ分場　　プラットホーム

(2) 次の説明にあたるところは、図中の㋐～㋔のどれですか。

（　　　）コンピュータを使って工場を管理するところ。

（　　　）焼きゃくされたはいをしょ分するところ。

（　　　）ごみを集めるところ。

ごみはどこへ(2)

1 次の図と写真は、しげんごみとして集められたものが何に生まれ変わるかを表しています。図のA～Dにあてはまるものをア～エから1つずつえらんで、記号をかきましょう。
(6点×4)

あきびん　細かくくだく → カレット
©ガラスびん3R促進協議会

ペットボトル　とかして加工 → ペレット
©PETボトルリサイクル推進協議会

かん（アルミ）　とかす → 再生地金 インゴット（のべぼう）
©福岡アルミ工業株式会社

パック　とかす → パルパー
©株式会社丸富製紙

A　B　C　D

```
ア　ガラスびん　　　イ　トイレットペーパー
ウ　服・再生ペットボトル　エ　アルミせい品
```

2 次のしげんごみが表しているマークを線で結びましょう。
(6点×4)

①プラスチック　②ペットボトル　③だんボール　④紙

㋐プラ　㋑紙　㋒PET　㋓

3 ごみをへらすために、4Rという取り組みが進められています。それぞれ関係するものを線で結びましょう。(5点×8)

① リユース ● ● ㋐ いらないものはことわる。 ● ● ㋐ 買い物に行ったとき、必要のないわりばしはもらわない。

② リサイクル ● ● ㋑ 一度原料にして新しい製品をつくる。 ● ● ㋑ 新聞紙をしげんごみで出して、再生紙をつくる。

③ リデュース ● ● ㋒ ごみを少なくする。 ● ● ㋒ 着なくなった洋服を友だちにあげた。

④ リフューズ ● ● ㋓ 同じものを何度もくりかえし使う。 ● ● ㋓ 買い物をするときマイバックを使う。

4 なぜ、ごみを出すときに分別しないといけないのですか。次の言葉を使ってかきましょう。（リサイクル工場・分別・しげん）

イメージマップ

作業1 なぞってかきましょう。

《水の流れ》

▶中央管理室

©大阪広域水道企業団

じょう水場では、取水から給水まで24時間コンピューターを使って、かんししています。

▶水質のけんさ

©大阪広域水道企業団

細きんやにおいなどがないか水しつけんさをして、かくにんしています。

水げんの森（緑のダム）

ダム ← 雨

じょう水場

消どくしているよ。

水のにごりをとる薬を入れてかきまぜるよ。

塩素混和池　じょう水池　送水ポンプ

① 取水口 → ② ちんさ池 → ③ かくはん池 → ④ ちんでん池 → ⑤ ろか池

川

じょう水場から出たどろはすてないで、花や野さいを育てる土に再利用しているじょう水場もあるのよ。

旭川から生まれた
おかやま産土
旭川の水から水道水を作る過程で発生した土です。
©岡山市水道局

学校　家庭　工場　水道管

配水池

協力：大阪広域水道企業団

下水しょり場

び生物がよごれを食べる

下水管

よごれたどろ　どろ

⑤ ろか池 ← ④ 第2ちんでん池 ← ③ 反のうタンク ← ② 第1ちんでん池 ← ① ちんさ池

おでいしょりしせつ
（よごれたどろをしょりしているところ）

©国土交通省下水道部

※よごれたどろ
- うめ立て場
- ガス → 発電
- 建築材料 → セメント
70%〜80%再利用
（国土交通省調べ）

（じょう水場や下水しょり場のしくみは、そのしせつによってちがいがあります。）

水はどこから
水の利用と水が送られてくる仕組み

① 次の図を昔から今とつながるように順番をかきましょう。

①　（　　　）　②　（　　　）　③　（　　　）

② 次の図を見て、家庭で使われている水の量をかきましょう。

東京都水道局　国土交通省水資源部調べ

① トイレ〔　　　　〕L　② せんたく〔　　　　〕L

③ 台所〔　　　　〕L　④ ふろ〔　　　　〕L

⑤ 手あらいなど〔　　　　〕L

①〜⑤の合計〔　　　　〕L

③ 次の図は、家庭で使う水が、どのようにして流れてきているかを表しています。①〜④にあてはまる言葉をかき、つながりのある文と線で結びましょう。

配水池
水げんの森
じょう水場
ダム

①〔　　　　　〕●　　　●⑦ 水をきれいにして、飲んでも安全な水にするところ。
（緑のダム）

②〔　　　　　〕●　　　●⑦ 家庭や学校などに水を送り出すところ。

③〔　　　　　〕●　　　●⑦ ふった雨が土にしみこみ水をたくわえる。

④〔　　　　　〕●　　　●⑦ 雨の量によって、川に流れ出す水量を調節する。

水はどこから
じょう水場・下水しょり場

1　次の図は、じょう水場のようすを表しています。あとの問いに答えましょう。

協力：大阪広域水道企業団

(1)　㋐～㋓の名前をかきましょう。

㋐（　　　　　　　　）　　㋑（　　　　　　　　）

㋒（　　　　　　　　）　　㋓（　　　　　　　　）

> ちんでん池　　ろか池　　かくはん池　　ちんさ池

(2)　①～④にあてはまる役わりを㋐～㋓からえらんで、記号をかきましょう。

①（　　　）　すなやじゃりのそうを通して、きれいな水にする。

②（　　　）　薬を入れて水をかきまぜる。

③（　　　）　すなや大きなごみをしずめる。

④（　　　）　薬で小さなごみを固めてしずめる。

(3)　きれいになった水を家庭、工場、学校などに送るのはどこですか。

（　　　　　　　　）

2　次の図は、家庭や工場などで使われた水を、下水しょり場できれいにする仕組みを表しています。

提供：国土交通省下水道部

(1)　図の㋐～㋓は、じょう水場のせつびと同じ働きをしています。それぞれの名前をかきましょう。

㋐（　　　　　　　）　　㋑　第1（　　　　　　　）

㋒　第2（　　　　　　　）　　㋓（　　　　　　　）

(2)　「反のうタンク」では、何を使って水をきれいにしていますか。

（　　　　　　　　　）

(3)　Ⓐのどろは、どこに運ばれますか。（　　　　　　　　）

3　右のグラフから、家庭での水は何に一番多く使われていますか。

（　　　　　　　）

家庭での水の使われ方

せんめん・その他 6%
ふろ 40%
トイレ 21%
すいじ 18%
せんたく 15%

東京都水道局　平成27年度
一般家庭水使用目的別実態調査

水はどこから
水の流れ

ポイント　水の流れを理解するとともに、森林の大切さを学びましょう。

① 次の図は、水の流れを表しています。あとの問いに答えましょう。

(1) 次の①～④にあてはまる言葉を図を見てかきましょう。

```
雨 → ①_____ → 川 → ②_____ → 川
↑                                    ↓
海          ③_____
↑                              ↓
④_____ ← 学校・家庭・工場 ← 配水池 ← 
        (下水管)        (水道管)
```

(2) 次の文と関係する働きを上の①～④からえらんで、（　）に番号をかきましょう。

（　）ふった雨を地下水としてたくわえる。

（　）川の水を取り入れて、飲める水にする。

（　）雨の量によって、川の水の量を調節する。

（　）家庭や工場で使われた水をきれいにする。

② 次の図をくらべて、あとの問いに答えましょう。

森林があるところ　　　森林がないところ

森林があるところ：_____ のように水をふくむ

森林がないところ：川は_____ でとつ然あふれる

（「国土交通省資料」より作成）

(1) 図中の□にあてはまる言葉を、⌐⌐からえらんで書きましょう。

> 短い時間　地下水　スポンジ

(2) なぜ、森林は、「緑のダム」といわれているのですか。（　）にあてはまる言葉をかきましょう。

森林は、（①　　　　　）をたくわえ、（②　　　　　）をふせぐはたらきがあります。
また、（③　　　　　）が土やすなをおさえこみ、（④　　　　　）をふせぐはたらきもするからです。

> 土しゃくずれ　こう水　木の根　雨水

水はどこから
水の管理と節水

1　写真の説明について、正しいものを線で結びましょう。

じょう水場では、安心して使える水かどうかをくわしく調べている。　●

●
©札幌市水道局

じょう水場では、取水から給水までをコンピューターを使って、24時間かんししている。　●

●
©大阪広域水道企業団

水道局の人が、地下にある水道管の水もれがないか調べている。　●

●
©大阪広域水道企業団

2　下水しょり場について、（　）にあてはまる言葉を、┈┈┈からえらんでかきましょう。

下水しょり場できれいになった水は、大部分を（①　　　　）や（②　　　　）に流しますが、一部の工場やビルでは（③　　　　）などに再利用しているところもあります。

┈┈┈┈┈┈┈┈┈┈┈┈┈┈┈┈
トイレの水　　川　　海
┈┈┈┈┈┈┈┈┈┈┈┈┈┈┈┈

3　次のグラフを見て、あとの問いに答えましょう。

(1)　毎日使う水の中で、一番多く使っているのは、何ですか。（　　　　）

家庭で使う水の使われ方
オ せんめん・その他 6％
エ せんたく 15％
ア ふろ 40％
ウ すいじ 18％
イ トイレ 21％
東京都水道局　平成27年度
一般家庭水使用目的別実態調査

(2)　次の①〜⑤は、グラフの⑦〜㋑のどこで行うとよいですか。（　）に記号をかきましょう。

① （　　）大と小のレバーを使い分ける。

② （　　）残った湯をせんたくするときに使う。

③ （　　）回数をへらすためにまとめてあらう。

④ （　　）米のとぎじるは、植物の水やりに使う。

⑤ （　　）必要な量だけコップなどに入れて使う。

(3)　(2)の①〜⑤を、「節水」と「水の再利用」に分けましょう。

節水　〔　　〕〔　　〕〔　　〕

水の再利用　〔　　〕〔　　〕

4　水をよごさないことも、水を大切にすることになります。（　）にあてはまる言葉をかきましょう。

① 食べ物のくずなどは、（　　　　　）に入れる。

② 使えなくなった油は、（　　　　　）などにすわせる。

③ あらうときに、（　　　　　）の量をへらす。

┈┈┈┈┈┈┈┈┈┈┈┈┈┈┈┈┈┈┈
新聞紙　　せんざい　　くず取りネット
┈┈┈┈┈┈┈┈┈┈┈┈┈┈┈┈┈┈┈

水はどこから(1)

月　日　名前　　／100点

① 次の図を見て、あとの問いに答えましょう。

A水げんの森
塩素混和池　じょう水池
送水ポンプ
家庭・工場・学校など

協力：大阪広域水道企業団

(1) 図のAは、何のダムといわれていますか。（　　　）（5点）

(2) 次のしせつにあてはまるものを、図中の⑦〜⑦からえらび、そのしせつを説明した文を線で結びましょう。（6点×10）

配水池〔　〕●　　●小さなごみを薬で固めてしずめる。

ちんでん池〔　〕●　　●すななどのそうを通してきれいな水にする。

取水口〔　〕●　　●川の水を取り入れる。

ちんさ池〔　〕●　　●きれいな水をためて、家庭などに送り出す。

ろか池〔　〕●　　●すなや大きなごみをしずめる。

② ある市の給水量と人口の変化のグラフを見て、あとの問いに答えましょう。（5点×7）

給水量の変化（百万m³）
426　553　516　406
1960年　1980年　2000年　2018年
大阪市水道局調べ

人口の変化（万人）
301　265　260　270
1960年　1980年　2000年　2018年
国勢調査

(1) この市の1960年と2018年の給水量と人口を書きましょう。

	給水量	人口
1960年	（　　　）百万m³	（　　　）万人
2018年	（　　　）百万m³	（　　　）万人

(2) 次の①②の理由を、▭からえらんでかきましょう。

① 1980年まで給水量がふえている理由

（①　　　）はへっているが、1960年ごろには使っていなかったせんたく機や（②　　　）が使われるようになったから。

② 2000年から給水量がへった理由

（　　　）の大切さがわかってきたことと、水を多く使わない電気せい品などがふえてきたから。

節水　水せんトイレ　人口

水はどこから(2)

1 次の図を見て、あとの問いに答えましょう。

(1) じょう水場からのきれいな水は、下水管か水道管のどちらの管で家庭までとどけられますか。(5点)

（　　　　　　　）

(2) 次の①〜⑤の役わりをはたすところはどこですか。(5点×5)

① 川から取り入れた水をきれいにする。（　　　　　　　）

② 使われた水をきれいにして流す。（　　　　　　　）

③ きれいになった水をためておく。（　　　　　　　）

④ 山にふった雨をためておく。（　　　　　　　）

⑤ 川の水をたくわえる。（　　　　　　　）

(3) (2)の①〜⑤を水が運ばれる順に番号をかきましょう。(完答15点)

〔　　〕→〔　　〕→〔　　〕→〔　　〕→〔　　〕

(4) じょう水場と下水しょり場で出たどろは、何に再利用されていますか。　　　からえらんでかきましょう。(5点×2)

㋐ じょう水場　…（　　　　　　　）を育てるための土

㋑ 下水しょり場　…（　　　　　　　）の原料

┌──────────────────────┐
セメント　　うめ立て場　　植物
└──────────────────────┘

2 次の図を見て、あとの問いに答えましょう。(5点×9)

(1) 水を大切に使うためのくふうを、図を見てかきましょう。

㋐ 水を（　　　　　　）であらわない。

㋑ ふろの（　　　　　　）を使う。

㋒ （　　　　　　）にくんだ水であらう。

┌──────────────────────┐
バケツ　　出しっぱなし　　残り湯
└──────────────────────┘

(2) 下水道を大切にするために、流さないものをかきましょう。

① トイレ…（　　　　　　　）以外の紙。

② 台　所…（　　　　　　　）　③ ふ　ろ…（　　　　　　　）

┌──────────────────────┐
食用油　　かみの毛　　トイレットペーパー
└──────────────────────┘

(3) 札幌市の水道局では、右の写真のように、毎日水げんパトロールを行っています。（　）にあてはまる言葉をかきましょう。

©札幌市水道局

┌──────────────────────────────┐
川の（①　　　　　　）にあるダムからじょう水場にとどくまで、（②　　　　　　）の水のにおいや、にごりなどがないかなど水げんの（③　　　　　　）を行っています。
└──────────────────────────────┘

┌──────────────────────┐
川　　見守り　　上流
└──────────────────────┘

イメージマップ

作業1　なぞって書きましょう。

① おもな自然災害

ハザードマップ

（予想される**ひ**害を地図上で表したもの）

雪害

（なだれ防止さく）

つ波

（防潮堤・津波ひなんタワー）

地しん

（きん急地震速報）

風水害

（砂防ダム・地下調整池）

火山のふん火

（集中ごう雨）

台風

▲砂防ダム（神戸市・芦屋市）

② 自然災害から守るために

きん急地震速報

気象庁
国土交通省

県（県庁）

市（市役所）　防災計画

災害が起きたときにどのような対応をするかを決めているもの

【公助】
・防災無線
・防災メール
・ラジオ
・SNSなど

自衛隊　消防の人　警察の人

救助

住民

自治会

【共助】

住民　　住民

防災倉庫などを管理

【自助】
（自分の命は、自分で守る）

絵で表したかん板

防災倉庫　（食料・水・衣類など）
（仮設トイレ・テントなど）

国や県、市町村のほかに地いきの自治会などが管理しているよ。

防災倉庫
©静岡市総務局危機管理総室危機管理課

防災グッズ（家庭）

飲料水　　　ひじょう食　　けいたいラジオ　　かい中電灯

リュックサック　ティッシュペーパー・トイレットペーパー　薬　　雨具　　予びのかん電池

災害用伝言ダイヤル171

番号171に電話をかけると伝言を残せる。

自然災害から人びとを守る
自然災害の種類

1 次の地図を見て、あとの問いに答えましょう。

(なだれ防止さく) ③
(砂防ダム・地下調整池) ②
(集中ごう雨)
台風
防潮堤
ひなんタワー ①
★ 地しん
(きん急地震速報)
▲ 火山のふん火

(1) ①～③の災害を　　　からえらんでかきましょう。

① (　　　　　)
② (　　　　　)
③ (　　　　　)

　雪害　つ波　風水害

(2) 次の災害にあたる言葉をかきましょう。

① 日本のどこで起きてもふしぎではないが、特に1995年の阪神・淡路と、2011年の東日本で起きた災害。
(　　　　　)

② 1990年雲仙普賢岳、2014年御嶽山では、とつぜんばく発して火山ばいやガスなどがふき出した。
(　　　　　)

③ 夏から秋にかけて日本をおそい、大雨でこう水や土砂くずれを起こす。
(　　　　　)

　台風　地しん　火山のふん火

(3) (1)の①～③の災害の中で、気候に関係するものすべてを番号でかきましょう。
(　　・　　)

2 次のことがらは、自然災害から人びとを守るためのものです。名前を　　　からえらび、関係のあるものを線で結びましょう。

①

©岩手県ホームページより
(　　　　　)
　　● 大雨のとき、雨水をためるために地下につくったトンネル。

②

©東京都建設局
(　　　　　)
　　● 津波の起きやすいところに建てられた、住民がひなんするための場所。

③

(　　　　　)
　　● 台風などの大波や高潮のひ害を少なくするもの。

④

(　　　　　)
　　● 災害が起きそうなところを地図上で表したもの。

　ハザードマップ　ひなんタワー　ぼうちょうてい　地下調整池

自然災害から人びとを守る
自然災害にそなえる

ポイント　ふだんから自然災害の取り組みや用意するものを学びましょう。

① 自然災害にそなえた取り組みです。□と（ ）にあてはまる言葉を、□□からえらんでかきましょう。

Ⓐ [　　　　]
（市役所、消防、警察、自衛隊などによる助け）

①電気などの（　　　　　　）
②（　　　　　　　　　）の作成
③人命救助

ライフラインは、上下水道やガス、電気、通信、輸送など人びとの生活をささえるものよ。

Ⓑ [　　　　]
（近所や地いきの人たちと助け合う）

①救出訓練
②（　　　　）場所にいっしょに行く
③（　　　　）倉庫の点けん

Ⓒ [　　　　]
（自分の命は、自分で守る）

①（　　　　）・飲料水などをそなえる
②家具などがたおれないようにする
③（　　　　）で安全をたしかめる

Ⓐ〜Ⓒ
公助　自助　共助

①〜③
ひなん　家族　ハザードマップ
ぼうさい　食料品　ライフライン

② 自然災害にそなえて、リュックサックに入れておくとよい物を図を見てかきましょう。

㋐（　　　　　　）㋑（　　　　　　）
㋒（　　　　　　）㋓（　　　　　　）
㋔（　　　　　　）㋕（　　　　　　）
㋖（　　　　　　）㋗（　　　　　　）
㋘（　　　　　　）㋙（　　　　　　）

自然災害から人びとを守る
地震にそなえる

1 次の写真について、あとの問いに答えましょう。

(1) ⑦・①の災害の名前を、[____]からえらんでかきましょう。

⑦
©伊丹市役所

⑦の写真は、1995年1月17日に兵庫県南部で起きた地震によりたおれた建物を表しています。

（　　　　　　）

①
©名取市図書館

①の写真は、2011年3月11日に東北地方を中心に起きた地震により、起きたひ害の様子を表しています。

（　　　　　　）

> 東日本大しんさい　　阪神・淡路大しんさい

(2) ①により起きた災害を、次の[____]からえらびましょう。

> たつまき　大雨　大雪　つ波

（　　　　　　）

2 次の写真は、地震が起こったときに、ひ害を少なくするための取り組みです。[____]からえらんで記号をかきましょう。

［　　　］　　　［　　　］　　　［　　　］

> ⑦　たい震工事がされた建物　　①　防災訓練
> ⑦　ひなん場所をしめすかん板

月　日　名前

ポイント 地震のこわさを知るとともに、それにそなえた取り組みを理解しましょう。

3 次の図は、地震から住民を守る仕組みです。あとの問いに答えましょう。

(1) 図の⑦～⑦にあてはまる言葉を、[____]からえらんでかきましょう。

> 気象ちょう　　自えい隊　　都道府県

(2) 市町村は、地震のじょうほうをどのようにして住民に伝えていますか。2つかきましょう。

（　　　　　　　　）（　　　　　　　　）

(3) 市や町がつくっている、地震などの災害が起きたときに、どのように対おうするかをまとめた計画を、何といいますか。

（　　　　　　　　）

(4) 災害にそなえて、毛布やトイレなど必要なものが保管されているところを何といいますか。

（　　　　　　　　）

水害・雪害・ふん火にそなえる

ポイント　水害・雪害・火山ふん火に対する取り組みを知りましょう。

① 次の文は、日本で水害が多い理由をかいています。（　）にあてはまる言葉をかきましょう。

> 日本の川は、海までのきょりが（①　　　　　）、流れも
> （②　　　　　）なので、雨が一度に多くふると水害が起きやすく
> なります。山地では（③　　　　　）災害が起こります。最近は
> （④　　　　　）や集中ごう雨での災害が多くなっています。

> 土しゃ　　台風　　急　　短く

② 次の図は、水害を防ぐための取り組みです。それぞれ答えましょう。

① 森林　　　　② 都市（町）　　　③ 川

提供：東京都森林組合

©東京都建設局

（　　　　　）　　（　　　　　）　　（　　　　　）

> 地下調整池　　ていぼう　　植林

③ 人びとが水害から身を守るために、していることをかきましょう。

① ［　　　　　　　］が出す情報…台風の進路などに気をつける。

② ［　　　　　　　］…地いきに流れるきん急の情報を聞く。

③ ［　　　　　　　］…水害になりそうな地いきを地図で知る。

> ハザードマップ　　ぼうさい無線　　気象ちょう

④ 次の問いに答えましょう。

(1) 雪害が多い地いきに〇をつけましょう。

（　　太平洋側　　・　　日本海側　　）

(2) 雪害に対して、次の①〜③のうち、市役所が行っている取り組みには⑦、地いきで行っている取り組みには①をかきましょう。

① お年よりの家の雪かきを手伝ってもらう。　（　　）

② 防災メールを出して、大雪への注意をよびかける。（　　）

③ 広報誌で、集めた雪を置く場所がどこにあるかを伝える。

（　　）

(3) 御嶽山は、2014年のふん火で、登山をしていてなくなったりした人が60人以上になりました。

1 御嶽山は、どこにありますか。

（　　　　）県・（　　　　）県

2 御嶽山のふもとの村がした対さくをかきましょう。

① 「ふん火」対さく…

（　　　　　　　　　　）の作成。

② 「ふん石」対さく…山小屋をほ強し、（　　　　　　）やかい中電灯などをそなえる。

③ 「登山者」対さく…

（　　　　　　　　　　）を出す。

> ヘルメット
> 登山計画書
> 火山ぼうさいマップ

自然災害から人びとを守る(1)

1　次の地図と関係する災害と、写真をえらんで記号をかきましょう。
（6点×10）

	名前	写真
①		
②		
③		
④		
⑤		

⑦ 雪害　⑦ 地しん　⑦ 火山のふん火　⑦ つ波　⑦ 風水害

©気象庁

©名取市図書館

©伊丹市役所

2　次の図は、災害のときにひなんするための標しきです。あとの問いに答えましょう。
（5点×4）

(1) 災害のために、自分の家にもどることができない人が、ある期間、ひなん生活をする所を表している図は、⑦と⑦のどちらですか。

（　　　）

(2) (1)の図では、どの災害のときにひなんできますか。正しいものに○をつけましょう。

（　　　）地震　（　　　）雪害　（　　　）土砂災害

3　次の表示は、何のためでしょうか。（　）にあてはまる言葉や数字をかきましょう。
（5点×4）

ここの地盤は
海抜6m
Above Sea Level
©一般社団法人日本標識工業会

① この土地は、海から（　　　）mの高さです。次のときのひなんの目安にします。

⑦ 台風のときの（　　　　　）や、地震などで起こる（　　　　　）のとき。

⑦ 集中ごう雨などの（　　　　　）のとき。

つ波　こう水　高しお

自然災害から人びとを守る(2)

[1] 次のグラフは、阪神・淡路大震災を経験した人たちのアンケート結果です。あとの問いに答えましょう。　(5点×5)

家族・親せき8%
消ぼうの人 14%
自えい隊 14%
近所の人 64%

(1) 自助と共助で助かった方は、合わせて何%ですか。

・自助　（　　　　）%

・共助　（　　　　）%

合わせて（　　　　）%

(2) 公助では、どんな人たちに助けてもらいましたか。

（　　　　　　　　）
（　　　　　　　　）

[2] 次のポスターを見て、あとの問いに答えましょう。

11.5 世界津波の日 World Tsunami Awareness Day
©和歌山県広川町

1854年11月5日の「安政南海地震」のとき、稲むらに火をつけて村人を津波から救ったことから、2015年に世界共通の記念日になりました。

(1) 村人を何から救うために、どうしましたか。(10点)

（　　　　　　　　　　　　　　　　）

(2) この日（11月5日）は、何の日ですか。　(5点)

（　　　　　　　　）

[3] ことわざで、「そなえあればうれいなし」というのがあるように、じゅんびしておくことは大事です。次のことがらは、何にそなえてのことですか。関係するものを線で結びましょう。　(5点×4)

① ひなんタワー　●　　　●　㋐ 土砂くずれをふせぐ

② 防災訓練　●　　　●　㋑ 災害の起きそうな場所

③ 砂防ダム　●　　　●　㋒ 津波のひなん場所

④ ハザードマップ　●　　　●　㋓ 災害が起きたときの行動

[4] 次の地図は、自然災害のひ害をへらすためのものです。　(5点×2)

南海トラフ巨大地震が発生した場合（津波）
水につかる深さ
0.1m未満　2.0～3.0m
0.1～0.3m　3.0～4.0m
0.3～0.5m　4.0～5.5m
0.5～1.0m　5.5～7.5m
1.0～2.0m　7.5～10.0m

A　B

(1) この地図のことを何といいますか。

（　　　　　　　　）

(2) AとBの地点で、津波がおそってきたときに、どの地点にいるのがいいですか。

（　　　　　　　　）

[5] 次の図を見て、必要な防災グッズをかきましょう。　(5点×6)

① 村を切り開く（用水路づくり）

通潤橋（熊本県山都町にある白糸台地につくられた橋）

① 土地の様子…白糸台地は、周りを谷にかこまれた土地のため、水をじゅうぶんに使うことができなかった。

② 計画の内よう…布田保之助は、1852年に遠くの笹原川から白糸台地に、谷にかけた橋を通して水を引く計画を立てる。

③ 用水路のくふう…水の落ちる力を利用。

那須疏水（栃木県北部那須岳のふもとに広がる高原につくられた用水路）

① 土地の様子…明治時代までは、那須野が原は原野で、川は低いところを流れていたり、地下水になっていたため地上には水がなかった。

② 計画の内よう…印南丈作・矢板武らが中心となり1885年に、この原野に用水を通す計画を立てる。

③ 用水路のくふう…「ふせこし」（川の底に水の流れるトンネル）をつくって、川と用水路を立体交差させた。

ふせこし▶

©那須野ケ原土地改良区連合

② 村を守る（てい防づくり）

かりとった「稲束」または「だっこくした稲わら」を積み重ねたもの

「稲むら」の火 1854年11月5日
（安政南海地震が起きた日）

世界津波の日のポスター
©和歌山県広川町

浜口梧陵が村人を高台にひなんさせる

津波が広村をおそう

自費でつくる → **広村ていぼう**

・1855年〜1858年
・1日およそ500人
・かかったお金…今のお金で2億円ほど
・全長約600m

©和歌山県広川町

完成当時の広村ていぼう横断図

広村ていぼう　昔つくられた石のていぼう

※黒まつ…塩気の多いところでも育つ
→漁船が津波で流れこむのをふせぐ
※はぜ（実）…ろうそくの原料として売れる

広村ていぼうとその周り（1978年）

地いきを切り開く・守る
通潤橋

1 次の断面図と図を見て、あとの問いに答えましょう。

(1) 白糸台地は、どんな土地だと思いますか。（　）にあてはまる言葉を、┈┈からえらんでかきましょう。

① 近くに（　　　　　　　　）がある。

② 台地になっているから、（　　　　　　　　　）が考えられる。

③ （　　　　　　　）にてきさない。

> 米づくり　水不足　川

(2) 谷と同じ高さの橋をつくるぎじゅつがないときに、水を引くために布田保之助が思いついたことを、┈┈からえらんでかきましょう。

⑦台地

⑦と④の高さの差が大きいほど、水は高く上がる。

④台地

水がふき上がる原理

> 水は、ふつう高いところから（①　　　　）ところに流れます。そこで、川よりも（②　　　　）台地に水を流すために、水が（③　　　　）力を利用して（④　　　　）に水を引くようにした。

> 高い　台地　低い　落ちる

ポイント 用水路づくりの大変さと、それを成しとげるための努力を知りましょう。

(3) (2)の考えの問題点を次のように改良しました。（　）にあてはまる言葉をかきましょう。

石と石をつなぐためにみぞを2本つけた。

約90cm

約30cm

みぞにしっくいをつめる

・落ちる水のいきおいが強いので、（①　　　　）の管を、（②　　　　）の管にする。

・（③　　　　　　　）から水がもれないように、石と石をつなぐ特別な（④　　　　　　　）をつくった。

> すきま　石　しっくい　木

(4) 次の図は、じょうぶな橋にするために石工たちの考えたことです。つくられる順に番号をかきましょう。

土台となる石の上に、さらに石を積み上げる。
（　）

最後に、下からささえていた木のわくをはずす。
（　）

石の橋をのせるための木のわくを組み立てる。
（　）

木のわくの上に、土台となる石を積み上げる。
（　）

(5) 次のグラフを見て、あとの問いに答えましょう。

〈通潤橋ができる前後の田の広さ〉

① 1826年と1882年の田の広さ

⑦ 1826年　約（　　　）ha

④ 1882年　約（　　　）ha

② 1882年は、約何倍くらいになりましたか。　約（　　　）倍

地いきを切り開く・守る
那須疏水（なすそすい）

1　次の図は、栃木県那須野が原（とちぎ）（なすの）（はら）（台地）の土地のようすを表しています。あとの問いに答えましょう。

凡例
- 田
- 畑
- ── 疏水（そすい）
- ===== トンネル
- ─ ダム

（1）この台地を流れている川の名前を、ひらがなでかきましょう。

⑦（　　　　　　）川　　④（　　　　　　）川

⑦（　　　　　　）川　　①（　　　　　　）川

（2）（1）の中で、次の写真のように川の水が流れていない川（地図上では点線）の記号をかきましょう。

（　　）（　　）

©那須野ケ原土地改良区連合

（3）この台地は、何に利用されていますか。

（　　　　　）（　　　　　）

月　日　名前

ポイント　あれ地に用水路をつくるための苦労（くろう）と、むずかしさを知りましょう。

（4）なぜ、この台地に（3）がつくれられるようになったのでしょうか。

⑦川に（①　　　　　　）をつくり、そこから（②　　　　　　）を引いて、と中（ちゅう）、（③　　　　　　）に②を通すことで、台地全体に（④　　　　　　）を流れるようにしたからです。

> 水　　取水口　　川の底（そこ）　　用水路

（5）那須疏水（用水）のむずかしいところは、疏水の水が川の底を通って流れ出るようにすること（ふせこし）でした。その工事方法（ほうほう）の順（じゅん）に番号をかきましょう。

ふせこし

木わくを下にしき、切り石を積み上げる。（つ）
（　　）

川原の石をもとにうめもどす。
（　　）

川底をななめにほる。はば・深さは5〜6m。
（　　）

2　1（5）の工事に使われた道具の中で、土をほり出す道具の番号をかきましょう。

（　　）

土やすなをかきよせる道具

① じょれん　　② てんびん　　③ くわ　　④ もっこ

©那須野が原博物館

©那須野ケ原土地改良区連合

地いきを切り開く・守る
稲むらの火

① 次のポスターを見て、あとの問いに答えましょう。

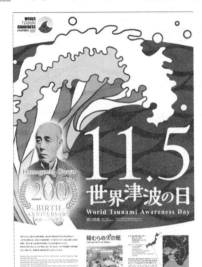

©和歌山県広川町

安政南海地震が起きた日が、「稲むらの火」の話にちなんで、「世界津波の日」として世界共通の記念日になった。

(1) 11月5日は、何の日ですか。
（　　　　　　　　）

(2) (1)は、何の話にちなんで決められましたか。
（　　　　　　　　）

(3) (2)について、次の（　）にあてはまる言葉をかきましょう。

安政南海地震（1854年）が起こった後、潮が引き、広い砂原や岩底があらわれました。
（①　　　　　　　　）がおそってくるにちがいないと思った浜口梧陵は、（②　　　　　　　　）に知らせるために自分の畑に積んであった（③　　　　　　　　）に火をつけました。火に気づいた村人は、それを消そうと（④　　　　　　　　）にかけつけました。
その後、①が村をのみこんで、村はすべてなくなってしまいました。

村人　高台　いなむら　つ波

② 次の図を見て、あとの問いに答えましょう。

ていぼう断面図
※黒まつは塩気の多いところでも育つので、風などをふせぐために海岸ぞいに植えられることの多い木です。
黒まつ
はぜ
まさき
人家
5m
2m
3.5m
海面
20m　9m　10m

広村ていぼう

©和歌山県広川町

(1) 浜口梧陵は、地震の後にふたたび村が津波におそわれないように何をつくりましたか。
広村（　　　　　　　）

(2) 次の問いに答えましょう。

① 広村ていぼうの高さは、何mですか。（　　　　）m

② 昔の石のていぼうとの間に植えた高い木は何ですか。
（　　　　　　）

③ 何のために黒まつを植えたのですか。（　）にあてはまる言葉をかきましょう。

（①　　　　　　）に強い黒まつは、（②　　　　　　）と、
（③　　　　　　）をふせぐだけでなく、（④　　　　　　）が村に流れこんでくるのもふせぐため。

漁船　つ波　塩気　風

地いきを切り開く・守る(1)

① 次の地図を見て、あとの問いに答えましょう。　(6点×9)

(1) ①～③が行われたところをえらびましょう。

① 那須疏水（栃木県）
（　　）

② 広村ていぼう（和歌山県）
（　　）

③ 通潤橋（熊本県）
（　　）

(2) ①～③と関係する説明を線で結びましょう。

① ●　　● ⑦ 深い谷にはさまれていた台地につくった。

② ●　　● ① あれた原野を切り開いてつくった。

③ ●　　● ⑦ 地震のあとの津波にそなえてつくった。

(3) ①～③と関係する図をえらんで記号をかきましょう。

① 那須疏水　　② 広村ていぼう　　③ 通潤橋
（　　）　　　　　（　　）　　　　　（　　）

⑦

①

黒まつ
はぜ
まさき
人家
5m
2m
3.5m
海面
20m　9m　10m

⑦

©那須野ケ原土地改良区連合

② 次の断面図は、①(1)の①～③のどれと関係していますか。(5点×2)

⑦ 白糸台地　千滝川　笹原川
（　　）

① 工川　ウ川　イ川　ア川　第二分水　第一分水
（　　）

③ 次の図は、高いところに水を送るくふうを表しています。（　）にあてはまる言葉をかきましょう。　(6点×6)

(1) この図が関係しているのは①那須疏水、②広村ていぼう、③通潤橋のどれですか。
（　　）

(2) 問題点

　谷と台地に（　　　　　）高さの橋をつくるぎじゅつがなかったこと。

取り入れ口　笹原川
はい水口　水の取り入れ口
水の流口（台地側）
用水路　石でつくったくだ
水ぬきあな（ごみさらえ口）　1.3m
7.5m
水だめ　水だめ
（水の落ちる高さ）
高さ20.2mの橋

(3) くふう

台地よりも（①　　　）土地を流れている川の水を（②　　　）に流すために、水が（③　　　）力を利用して橋より（④　　　）台地に水をふき上げた。

┌─────────────────────┐
高い　台地　低い　落ちる
└─────────────────────┘

地いきを切り開く・守る(2)

● あとの問いに答えましょう。

(1) 次の人物と関係する図を線で結びましょう。 （8点×3）

⑦ 浜口　梧陵　　⑦ 布田　保之助　　⑦ 印南、矢板

あ

い

う
©和歌山県広川町

(2) 次の図は、広村ていぼうを表しています。(1)の⑦〜⑦のだれと関係していますか。 （8点）

（　　）

黒まつ
はぜ
昔のていぼう
まさき
人家
5m
2m
3.5m
海面
20m　9m　10m

(3) このていぼうの強さのひみつをかきましょう。 （16点）
（高さ・つ波・植林・漁船）

(4) 次の道具は、どんなときに使われますか。関係するものの記号をかきましょう。 （8点×4）

①
（じょれん）

②
（もっこ）

③
（くわ）

④
（てんびん）
©那須野が原博物館

（　　）（　　）（　　）（　　）

> あ 水おけを運ぶ　　　い 土・石を運ぶ
> う 土やすななどをかき集める　　え 土をほり出す

(5) 次の図の工事の工夫をかきましょう。 （10点×2）

①

川
出口
入口
石でつくったトンネル
©那須野ケ原土地改良区連合

用水路が、川の

②

用水路　石でつくった くだ
水ぬきあな
（ごみさらえ口）
1.3m
7.5m 水だめ　　　水だめ
（水の落ちる高さ）
高さ 20.2m
の橋

１ 電気はどこから

● 火力発電所
▲ 水力発電所
■ 原子力発電所

(2019/20 国勢図会)

	水力発電	火力発電	原子力発電
発電の歴史	1950年まで日本の発電の中心	1960年代から、現代までの日本の発電の中心	2011年の東日本大震災により、すべて停止 2018年からけんさに合かくした発電所が動き出している
発電方法	水が流れる力を利用	原油、石炭、天然ガスなどをもやした熱を利用	ウランとよばれるねん料を利用して発生させた熱を利用
良いこと	・ねん料がいらない ・発電のときに二酸化炭素を出さない	・発電量が調節できる ・水力や原子力にくらべ、しせつを建てやすい	・二酸化炭素を出さない ・安定した電力をえることができる
悪いこと	・ダム建設で川をせき止めるため、かんきょうにえいきょうが出る ・水力発電にてきした場所が少ない	・二酸化炭素が出る ・ねん料の大部分を海外から買っている	・事こが起きると人体やかんきょうに、大きなひ害が出る ・ねん料やはい物のあつかいがむずかしい
場所	大都市からはなれた山地	大都市に近い海岸ぞい	大都市からはなれた海岸ぞい

２ 再生可能エネルギーを使った発電

放射性廃棄物も二酸化炭素も出さない発電方法

(1) 風力発電

風力発電は風の力で風車を回して発電する。発電所は風が強く、広い土地があるところに建てられている。

©青山高原ウインドファーム

(2) 地熱発電

地下深くから取り出した高温の水(じょう気)を使って発電する。発電所は火山の近くに建てられている。

(3) 太陽光発電

太陽電池を使って太陽の光を電力に変える発電方法。くもりや雨の日には発電量が少なくなってしまうなど、発電量が安定しないという問題がある。

３ 地球温だん化

温室効果ガスの一つである二酸化炭素がふえすぎて、地球全体をビニールハウスのようにおおってしまい、地表の熱が、大気圏の外に出ていきにくくなり、気温が高くなること。

有害物質

気温 が上がる

公害

森林のげん少

×

砂ばく化

ごう雨・台風が多くなる

南極の氷山がとける

CO₂→二酸化炭素

くらしと電気

① 次のグラフは、1950年〜2016年までの発電方法を表しています。あとの問いに答えましょう。

日本の総発電量のわりあい

1950年	水力 87.1%	火力 18.3
1960年	50.6%	49.4
2010年	再生可能エネルギー-0.6 7.8% 66.7	原子力 24.9
2016年	再生可能エネルギー-1.9% 8.5% 87.9	原子力1.7%

0 20 40 60 80 100%

(1) 左のグラフを見ながら（　）にあてはまる言葉を、┈┈┈からえらんでかきましょう。

1950年代までは（①　　　）発電が中心でした。1960代からは（②　　　）発電がふえています。1980年からは（③　　　）発電もふえ始め、2010年には総発電量の約（④　　　）をしめるようになりました。

しかし、2011年の（⑤　　　　　）から風力や太陽光、地熱などの（⑥　　　　　）を使った発電量のわりあいが多くなっています。

┈┈┈┈┈┈┈┈┈┈┈┈┈┈┈┈┈┈┈┈┈
火力　さい生かのうエネルギー　水力　東日本大しんさい　原子力　$\frac{1}{4}$
┈┈┈┈┈┈┈┈┈┈┈┈┈┈┈┈┈┈┈┈┈

(2) 原油、石炭、天然ガスなどをもやした熱を利用する発電の方法は何ですか。上のグラフからえらんでかきましょう。

（　　　　　　　）

(3) 大気中に二酸化炭素がふえすぎることが原いんで、気温が高くなることを何といいますか。次の┈┈┈からえらんでかきましょう。

（　　　　　　　）

┈┈┈┈┈┈┈┈┈┈┈┈┈┈┈┈┈┈┈┈┈
地盤沈下　悪しゅう　地球温だん化
┈┈┈┈┈┈┈┈┈┈┈┈┈┈┈┈┈┈┈┈┈

② 次の①〜③は、発電の仕方を説明しています。関係するものを線で結びましょう。

① ウランをねん料として、少ないねん料で多くの電気をつくる。ねん料やはいき物のあつかいがむずかしく、事こが起こると大きなひ害が出る。

② 風の力で風車を回して発電する方法。二酸化炭素を出さないが、発電量が少ないことや電力を安定してえるのがむずかしいなどの問題がある。

©青山高原ウインドファーム

③ 太陽の光を電気エネルギーにかえる太陽電池を使った発電。夜間の発電はできないが、昼間使い切れずにあまった電気は電力会社に売ることができる。

イメージマップ

《日本の都道府県》

1 A～Hの地方名をなぞり、それぞれの地方の色で県をぬりましょう。

(水色)
A 北海道 地方

(茶色)
D 中部 地方

(緑色)
B 東北 地方

(黄緑色)
F 中国 地方

(黄色)
C 関東 地方

(むらさき色)
E 近畿 地方

(ピンク色)
G 四国 地方

(赤色)
H 九州 地方

(赤色)
H 九州 地方

2 ①～㊼の都道府県名をなぞりましょう。

A	① 北海道		

B	② 青森県	③ 岩手県
	④ 宮城県	⑤ 秋田県
	⑥ 山形県	⑦ 福島県

C	⑧ 茨城県	⑨ 栃木県
	⑩ 群馬県	⑪ 埼玉県
	⑫ 千葉県	⑬ 東京都
	⑭ 神奈川県	

D	⑮ 新潟県	⑯ 富山県
	⑰ 石川県	⑱ 福井県
	⑲ 山梨県	⑳ 長野県
	㉑ 岐阜県	㉒ 静岡県
	㉓ 愛知県	

E	㉔ 三重県	㉕ 滋賀県
	㉖ 京都府	㉗ 大阪府
	㉘ 兵庫県	㉙ 奈良県
	㉚ 和歌山県	

F	㉛ 鳥取県	㉜ 島根県
	㉝ 岡山県	㉞ 広島県
	㉟ 山口県	

G	㊱ 徳島県	㊲ 香川県
	㊳ 愛媛県	㊴ 高知県

H	㊵ 福岡県	㊶ 佐賀県
	㊷ 長崎県	㊸ 熊本県
	㊹ 大分県	㊺ 宮崎県
	㊻ 鹿児島県	㊼ 沖縄県

日本の都道府県

ポイント 日本の都道府県名を、自分の興味のあるところから覚えていきましょう。

1　Ⓐ～Ⓗそれぞれの地方の色で県をぬりましょう。

（水色）
Ⓐ [　　　] 地方

（茶色）
Ⓓ [　　　] 地方

（緑色）
Ⓑ [　　　] 地方

（黄緑色）
Ⓕ [　　　] 地方

（黄色）
Ⓒ [　　　] 地方

（むらさき色）
Ⓔ [　　　] 地方

（ピンク色）
Ⓖ [　　　] 地方

（赤色）
Ⓗ [　　　] 地方

（赤色）
Ⓗ [　　　] 地方

2　①～㊼の都道府県名をかきましょう。

Ⓐ

①	

Ⓑ

②	県	③	県
④	県	⑤	県
⑥	県	⑦	県

Ⓒ

⑧	県	⑨	県
⑩	県	⑪	県
⑫	県	⑬	
⑭	県		

Ⓓ

⑮	県	⑯	県
⑰	県	⑱	県
⑲	県	⑳	県
㉑	県	㉒	県
㉓	県		

Ⓔ

㉔	県	㉕	県
㉖		㉗	
㉘	県	㉙	県
㉚	県		

Ⓕ

㉛	県	㉜	県
㉝	県	㉞	県
㉟	県		

Ⓖ

㊱	県	㊲	県
㊳	県	㊴	県

Ⓗ

㊵	県	㊶	県
㊷	県	㊸	県
㊹	県	㊺	県
㊻	県	㊼	県

イメージマップ

1 次の①～⑱は、県名と県庁所在地名（けんちょうしょざいち）がちがうところです。それぞれ色をぬって、右の表を完成（かんせい）させましょう。

●…県庁所在地の場所

2 道・県名と県庁所在地名をなぞりましょう。

〈北海道（ほっかいどう）・東北（とうほく）地方〉

番号	道・県名	県庁所在地名	番号	県名	県庁所在地名
①	北海道（ほっかいどう）	札幌（さっぽろ）市	②	岩手（いわて）県	盛岡（もりおか）市
③	宮城（みやぎ）県	仙台（せんだい）市			

〈関東（かんとう）・中部（ちゅうぶ）地方〉

番号	県名	県庁所在地名	番号	県名	県庁所在地名
④	茨城（いばらき）県	水戸（みと）市	⑤	栃木（とちぎ）県	宇都宮（うつのみや）市
⑥	群馬（ぐんま）県	前橋（まえばし）市	⑦	埼玉（さいたま）県	さいたま市
⑧	神奈川（かながわ）県	横浜（よこはま）市	⑨	山梨（やまなし）県	甲府（こうふ）市
⑩	石川（いしかわ）県	金沢（かなざわ）市	⑪	愛知（あいち）県	名古屋（なごや）市

〈近畿（きんき）・中国（ちゅうごく）・四国（しこく）・九州（きゅうしゅう）地方〉

番号	県名	県庁所在地名	番号	県名	県庁所在地名
⑫	三重（みえ）県	津（つ）市	⑬	滋賀（しが）県	大津（おおつ）市
⑭	兵庫（ひょうご）県	神戸（こうべ）市	⑮	香川（かがわ）県	高松（たかまつ）市
⑯	愛媛（えひめ）県	松山（まつやま）市	⑰	島根（しまね）県	松江（まつえ）市
⑱	沖縄（おきなわ）県	那覇（なは）市			

都道府県
県名と県庁所在地名がちがう県

1　次の①〜⑱は、県名と県庁所在地名がちがうところです。それぞれ色をぬって、右の表を完成させましょう。

●…県庁所在地の場所

2　道・県名と県庁所在地名をかきましょう。

〈北海道・東北地方〉

番号	道・県名	県庁所在地名	番号	県名	県庁所在地名
①		市	②	県	市
③	県	市			

〈関東・中部地方〉

番号	県名	県庁所在地名	番号	県名	県庁所在地名
④	県	市	⑤	県	市
⑥	県	市	⑦	県	市
⑧	県	市	⑨	県	市
⑩	県	市	⑪	県	市

〈近畿・中国・四国・九州地方〉

番号	県名	県庁所在地名	番号	県名	県庁所在地名
⑫	県	市	⑬	県	市
⑭	県	市	⑮	県	市
⑯	県	市	⑰	県	市
⑱	県	市			

都道府県
日本の祭りと都道府県

Ⅰ 次の日本地図の祭りが行われている都道府県名をかきましょう。

（〔 〕には県名が入るのでかいていません）

① さっぽろ雪まつり

⑰ 葵祭（5月） 祇園祭（7月） 時代祭（10月）
（祇園祭）

⑤〔 〕竿灯まつり

② 〔 〕ねぶた祭

⑥〔 〕花笠まつり

③ 盛岡さんさ踊り

⑫ 越中おわら風の盆

④ 仙台七夕まつり

⑱ はだか祭り

㉑ 博多どんたく港まつり

⑦ 三社祭

㉒ 唐津くんち

⑧ 秩父夜祭

⑨ 御柱祭

⑩ 浜松まつり

⑮ 那智の火祭り

⑪ 高山祭

⑳ よさこい祭り

⑯ 岸和田だんじり祭

⑬ 長浜曳山祭

㉓〔 〕くんち

㉔ 火の国まつり

⑲ 阿波踊り

⑭ 東大寺お水取り

㉕〔 〕全島エイサーまつり

月　日　名前

ポイント 知っているまつりの行われているところから都道府県を覚えましょう。

〔北海道・東北地方〕

①		②		③	
④		⑤		⑥	

〔関東・中部地方〕

⑦		⑧		⑨	
⑩		⑪		⑫	

〔近畿地方〕

⑬		⑭		⑮	
⑯		⑰			

〔中国・四国・九州地方〕

⑱		⑲		⑳	
㉑		㉒		㉓	
㉔		㉕			

社会ゲーム

新幹線と都道府県

月　　　日　名前

作業1　新幹線に乗って、日本列島を北から南へ旅行します。それぞれの新幹線が通る都道府県名をかきましょう。

〔※（　）は都道府県庁所在地〕

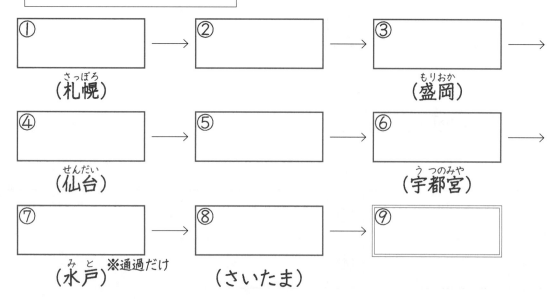

Ⓐ 北海道・東北新幹線

① _____ → ② _____ → ③ _____ →
（札幌）　　　　　　　　　　　（盛岡）

④ _____ → ⑤ _____ → ⑥ _____ →
（仙台）　　　　　　　　　　　（宇都宮）

⑦ _____ → ⑧ _____ → ⑨ _____ →
（水戸）※通過だけ　　（さいたま）

Ⓑ 東海道新幹線

⑨ _____ → ⑩ _____ → ⑪ _____ →
　　　　　　（横浜）

⑫ _____ → ⑬ _____ → ⑭ _____ →
（名古屋）　　　　　　　　　　（大津）

⑮ _____ → ⑯ _____

Ⓒ 山陽新幹線

⑯ _____ → ⑰ _____ → ⑱ _____ →
　　　　　　（神戸）

⑲ _____ → ⑳ _____ → ㉑ _____

Ⓓ 九州新幹線

㉑ _____ → ㉒ _____ → ㉑ 福岡県 →

㉓ _____ → ㉔ _____

都道府県を調べよう！(1)

 作業1　次の問いに答えた都道府県をぬりましょう。

(2) ①　

（人の横顔）

②

（犬のおすわり）

③

（つるがとぶ）

> 群馬県　山形県　茨城県

2　次のクイズにチャレンジして、都道府県名を書きましょう。

①　1000

②

③　¥

3　①～⑥の「県名しりとり」をして、漢字もかきましょう。

① ナ　　　→　② キ　　　→　③　　　ギ

④ →　　　　→ ⑤ フ　　マ

1　次のシルエットの都道府県名をかきましょう。
（同じわりあいでちぢめていません。）

(1) ①　

（金魚）

②

（クワガタムシの角）

③

（ゴジラ）

> 愛知県　新潟県　静岡県

都道府県を調べよう！(2)

月　　日　名前

① 次の県名を漢字でかいて、地図中の番号は○にかきましょう。

(1) 県名がひらがな2文字と3文字の県をかきましょう。

⑦ ぎふ □□ ○
① み □□ ○
⑦ し □□ ○

⑦ いわて □□ ○
① ながの □□ ○
⑦ えひめ □□ ○

(2) 漢字しりとりをしましょう。

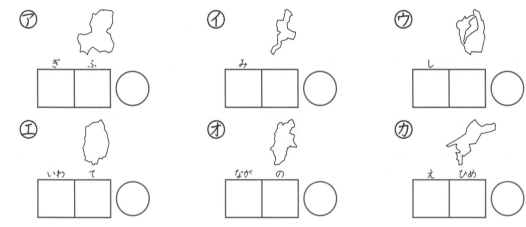

⑦ □岡 ○ → ① □□ ○ → ⑦ □□ ○

② 次の漢字の集まりの中から県をさがして、□で囲み、( )に県名を漢字でかきましょう。

①
奈 奈 奈 奈 奈 奈 奈 奈
奈 奈 奈 奈 神 奈 川 奈
奈 奈 奈 奈 奈 奈 奈 奈
奈 奈 奈 奈 奈 奈 奈 奈
奈 良 奈 奈 奈 奈 奈 奈
奈 奈 奈 奈 奈 奈 奈 奈
奈 奈 奈 奈 奈 奈 奈 奈

②
宮 宮 宮 宮 宮 宮 宮 宮
宮 宮 宮 宮 宮 宮 宮 宮
宮 宮 宮 宮 宮 宮 宮 宮
宮 宮 宮 宮 宮 宮 崎 宮
宮 宮 宮 宮 宮 宮 宮 宮
宮 宮 城 宮 宮 宮 宮 宮
宮 宮 宮 宮 宮 宮 宮 宮

( )( )　　( )( )

③ 次の絵は何県ですか。漢字でかきましょう。

①　　　②　　　③

( )　　( )　　( )

④ 次のシルエットは何県ですか。漢字でかきましょう。（同じわりあいでちぢめていません。）

①　　　②　　　③

( )　　( )　　( )

作業 1 なぞってかきましょう。

しゅくしゃく

地図上で、実さいのきょりを
どれだけちぢめているかをし
めしたわりあい

しゅくしゃくが
5万分の1の地図

1：50000　0　500m

$\dfrac{1}{50000}$　1cm

しゅくしゃくが
2万5千分の1の地図

1：25000　0　250m

$\dfrac{1}{25000}$　1cm

くわしい

広いはんい

しゅくしゃくが
20万分の1の地図

1：200000　0　2000m

$\dfrac{1}{200000}$　1cm

ある土地の様子をくわしく調べ
るときは、しゅくしゃくの数字の
小さい地図を見るといいのよ。

等高線（とうこうせん）　（海面からの高さが同じところを結（むす）んだ線）

平面図

さくら山
もも山
Ⓐ
100
200
300
400
500
ア
イ

断面図（だんめんず）

600
500
400
300
200
100m

① 等高線の間がせまいところ ⟶ かたむきが急

② 等高線の間が広いところ ⟶ かたむきがゆるやか

③ 等高線と数字 ⟶ 地図上の場所の高さ

地図の見方
しゅくしゃく(1)

1 次の（　）にあてはまる言葉をかきましょう。

　　地図では、実さいの（①　　　　　　）でのせることはできません。そこで、実さいのきょりを（②　　　　　　）表します。それが、どのくらい②いるかを表したものを（③　　　　　　　　）といいます。③を使うと、地図から実さいのきょりを求（もと）めることができます。

```
┌ ─ ─ ─ ─ ─ ─ ─ ─ ─ ─ ─ ─ ─ ─ ┐
  しゅくしゃく　　ちぢめて　　きょり
└ ─ ─ ─ ─ ─ ─ ─ ─ ─ ─ ─ ─ ─ ─ ┘
```

2 5万分の1の地図を使って、実さいのきょりを求めましょう。

1 : 50000

$\dfrac{1}{50000}$

(1) 駅から市役所まで
　㋐　地図上　　　　　　　　長さ〔　　　　　〕cm
　㋑　実さい（単位（たんい）をそろえる）
　　〔㋐　　　　〕cm×〔 50000 〕=〔　　　　　〕cm
　　　　　　　　　　　　　　=〔　　　　　〕m
　　　　　　　　　　　　　　=〔　　　　　〕km

(2) 駅から学校まで
　㋐　地図上　　　　　　　　長さ〔　　　　　〕cm
　㋑　実さい（単位をそろえる）
　　〔㋐　　　　〕cm×〔　　　　　〕=〔　　　　　〕cm
　　　　　　　　　　　　　　=〔　　　　　〕m
　　　　　　　　　　　　　　=〔　　　　　〕km

(3) ゆうびん局からけいさつしょまで
　㋐　地図上　　　　　　　　長さ〔　　　　　〕cm
　㋑　実さい（単位をそろえる）
　　〔㋐　　　　〕cm×〔　　　　　〕=〔　　　　　〕cm
　　　　　　　　　　　　　　=〔　　　　　〕m
　　　　　　　　　　　　　　=〔　　　　　〕km

3 しゅくしゃくの表し方には、次のようなものがあります。

(1) 読み方を（　）にかきましょう。
　①　5万分の1　　（　　　　　　　　　　　　）
　②　1 : 50000　（　　　　　　　　　　　　）

```
┌ ─ ─ ─ ─ ─ ─ ─ ─ ─ ─ ─ ─ ─ ─ ─ ─ ┐
  ごまんぶんのいち　　いちたいごまん
└ ─ ─ ─ ─ ─ ─ ─ ─ ─ ─ ─ ─ ─ ─ ─ ─ ┘
```

(2) $\dfrac{1}{50000}$ の読み方で同じなのは、①と②のどちらですか。

（　　　）

地図の見方
しゅくしゃく(2)

1 次の図から、どれだけちぢめたかを求めましょう。

(1) 地図上の長さをかきましょう。

実さいのきょり	地図上の長さ
1 km	
3 km	
5 km	

(2) (1)は、どれくらいのわりあいでちぢめたかを計算しましょう。

1 km ＝〔　　　　　〕m ＝〔　　　　　〕cm

地図上の長さ	÷	実さいのきょり	＝	しゅくしゃく

$$1 ÷ 〔\qquad〕 = \dfrac{1}{\boxed{\qquad\qquad}}$$

〔 10万 分の1〕 〔 1 ： 100000 〕

(3) 次の〔 〕にあてはまる数字をかきましょう。

1cmが10kmの地図は、10km＝〔　　　　　　〕cm

だから、〔　　　　　　　〕分の1のしゅくしゃくの地図です。

この地図で、東京・横浜間が約3cmだったら、実さいのきょ

りは、約〔　　　　　〕kmということになります。

月　　日 名前

ポイント
しゅくしゃくの表し方を知って、目的に合わせたしゅくしゃくをえらべることができるようになりましょう。

2 しゅくしゃくによって、表される地図がちがってきます。次の地図を見て、あとの問いに答えましょう。

(1) ⑦と⑦の地図は、「2万5千分の1」と「5万分の1」のどちらでしょうか。

⑦(　　　　　　分の1)　　⑦(　　　　　　分の1)

(2) ⑦と⑦の地図で1cmが、実さいのきょりでは何mになりますか。

⑦〔　　　　　　〕m　　⑦〔　　　　　　〕m

(3) ⑦の地図で、あ―⑥の長さが3cmです。実さいのきょりは、何mですか。

〔　　　　　　〕m

(4) 町の様子をくわしく表しているのはどちらの地図ですか。

(　　　　　　分の1)

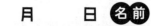

① 次の図を見て、（　）にあてはまる言葉を　　からえらんでかきましょう。

(1) 海面からの高さが同じところを結んだ線を何といいますか。
（　　　　　　　　　）

(2) 図中のあ～えにあてはまる言葉をかきましょう。

①	あ…線と線の間が（　　　　　）↓ う…山のかたむきが（　　　　　）
②	い…線と線の間が（　　　　　）↓ え…山のかたむきが（　　　　　）

```
広い　　せまい　　急
ゆるやか　　等高線
```

② 次の図は、土地の様子を上から見た図です。⑦と④の線で切り取った面を横から見た図は、①～③の中のどれですか。
（　　）

③ 次の図から、あとの問いに答えましょう。

(1) 真上から見た図（平面図）から真横から見た図（断面図）をかきましょう。

(2) 図からわかったことをかきましょう。

① さくら山ともも山、どちらの方が高いですか。（　　　　　）

② さくら山ともも山、どちらの方がしゃ面がゆるやかですか。
（　　　　　）

③ もも山の東と西ではどちら側にくだもの畑がありますか。
（　　　　　）

等高線(2)

ポイント 等高線や地形図から土地の様子を読み取ることができるようになりましょう。

① 次の図を見て、あとの問いに答えましょう。

平面図	
断面図	

(1) 平面図から㋐と㋑を結ぶ線の断面図をかきましょう。

(2) この地図では、等高線は、何mおきに引かれていますか。
〔　　　　　　〕m

(3) 山のしゃ面が急になっているところは、等高線の間かくは、どうなっていますか。
間かくが（　　　　　　　）なっている。

(4) 現在地とちょう上では、何mぐらいの差がありますか。
約〔　　　　　　〕m

② 次の地図を見て、あとの問いに答えましょう。

(1) りんご山とうめ山のちょう上は、何m以上ありますか。
① りんご山
約〔　　　　　　〕m
② うめ山
約〔　　　　　　〕m

(2) 学校と同じ高さにある家は、㋑～㋒のどの家ですか。
（　　　）

(3) ㋑～㋒の家の近くは何に使われているかを、次の中からえらんでかきましょう。
㋑（　　　　　） ㋑（　　　　　） ㋒（　　　　　）

> 茶畑　田　くだもの畑

(4) (3)の中で、一番低いところでつくられているのは、㋑～㋒のどれですか。
（　　　）

(5) りんご山にゆるやかに登ろうとすると、㋐と㋑のどちらのコースがよいですか。
（　　　）

地図の見方(1)

① 次の地図を見て、あとの問いに答えましょう。　(5点×11)

(1) 次の2つの場所の方角(八方位)ときょりを求めましょう。

	方角	実さいのきょり
① 学校から見た病院		
② 駅から見たけいさつしょ		
③ 市役所から見たゆうびん局		
④ 工場から見た神社		

(2) 次の土地の高さは何に利用されていますか。

①　0～100m（　　　　　）　　②　0～300m（　　　　　）

③　100～300m（　　　　　）

> 茶畑　　くだもの畑　　田

② 次の（　）にあてはまる言葉をかきましょう。　(5点×4)

> 　地図には、海面からの高さが同じところを結んだ
> （①　　　　　）があります。①にしたがって色をぬると、土地
> の（②　　　　　）がよくわかり、せまくなっているところは、
> （③　　　　　）で、広いところは（④　　　　　）になっています。

> 等高線　　ゆるやか　　高低　　急

③ 次の地図を見て、あとの問いに答えましょう。　(5点×5)

(1) 神社と寺の高さを求めましょう。

神社	（　　　）mぐらい	寺	（　　　）mぐらい

(2) (1)の近くの乗り物の高低差を求めましょう。

①ロープウエイ

（　　　　　）mぐらい

②ケーブルカー

（　　　　　）mぐらい

(3) 図中の⑦と④の断面図は、あ～うのどれでしょうか。（　）にかきましょう。

（　　　）

地図の見方(2)

1 次の地図を見て、あとの問いに答えましょう。 (10点×5)

| 5万分の1の地図 | 2万5千分の1の地図 |

(1) ⑦と⑦の長さが1cmのときの実さいのきょりを求めましょう。

①	②
(　　　　　)m	(　　　　　)m

(2) 図②のあといの長さは3cmです。実さいのきょりを求めましょう。

(　　　　　)m

(3) ③の地図は、1cmが2000mです。何分の1の地図ですか。

(　　　　　)分の1

0　2000m

(4) ①〜③の中で、地いきの様子をよりくわしく表している地図は、何分の1の地図ですか。番号でかきましょう。 (　　)

2 次の平面図から断面図をかいて、あとの問いに答えましょう。 (20点)

(1) ①〜③の地点で一番高いところにあるのはどれで、だいたい何mくらいありますか。 (10点×2)

(　　) 〔　　　　　〕mぐらい

(2) 花山に登るのに、あ・い・⑦のコースの中でどのコースが一番ゆったりと登れますか。 (10点)

(　　　　　)

健康なくらしとまちづくり

1 次の図を見て、あとの問いに答えましょう。

（1）⑦から水が流れる順にあてはまる言葉を図の中にかきましょう。　〈知識〉（6点×5）

> 配水池　下水しょり場　ダム　じょう水場　水げんの森

（2）次の①～③のはたらきをするところは、⑦～⑦のどちらでしょうか。（　）に記号をかきましょう。　〈知識〉（5点×3）

① （　　　）　川の水を取り入れて、飲める水にする。

② （　　　）　きれいな水をためて、家庭などに送り出す。

③ （　　　）　水をきれいにして、川や海に流す。

（3）なぜ、水げんの森は、大切なのでしょうか。（　）の言葉を使ってかきましょう。（こう水・土しゃくずれ）　〈思考〉（15点）

森林は、

2 次の図を見て、あとの問いに答えましょう。

（1）次の曜日に出せるごみをかきましょう。　〈技能〉（5点×2）

①　金曜日（　　　　　）ごみ　②　水曜日（　　　　　）ごみ

（2）もえるごみは、せいそう工場に運ばれます。次の説明のところをかきましょう。　〈技能〉（5点×3）

①　ごみをはいにするところ。（　　　　　）

②　ごみがもえるのを管理しているところ。（　　　　　）

③　ごみを集めるところ。（　　　　　）

（3）しげんごみは、毎月いつ出せますか。　〈技能〉（5点）

（　　　　　）

（4）（3）は、リサイクル工場でどうなりますか。　〈思考〉（10点）

リサイクル工場ではごみをしげんとして、

地いきを切り開く・守る

月　日　名前　　　　　/100点

① 次の地図を見て、あとの問いに答えましょう。　〈技能〉（9点×6）

(1) ⑦〜⑰が行われたところを、地図からえらんで番号をかきましょう。

⑦ 通潤橋（熊本県）

〔　　　〕

⑦ 那須疏水（用水路）（栃木県）

〔　　　〕

⑰ 広村ていぼう（和歌山県）

〔　　　〕

(2) 次の説明にあった図を、あとのあ〜⑰からえらびましょう。

説　明	記号
深い谷にはさまれていた台地につくった用水路。	
村を津波から守るためにつくったていぼう。	
あれた原野を切り開いてつくった用水路。	

あ い ⑰

② ①・⑦の橋ができたことでどうなったかを、（　）の言葉を使ってかきましょう。　（水不足　落ちる力　米）　〈思考〉（18点）

白糸台地の田は、深い谷にはさまれているので、

③ 広村ていぼうの図について、あとの問いに答えましょう。

(1) 津波は、どんな災害のあとにやってきますか。〈知識〉（10点）

（　　　　　　　）

(2) 左図に黒まつが植えられています。なぜですか。（　）の言葉を使ってかきましょう。　〈思考〉（18点）

（漁船　塩気　つ波　村）

九州・中国・四国地方

月　日　名前

/100点

① 次の特産品を見て、都道府県名をかきましょう。〈知識〉（6点×9）

	特産品	都道府県名		特産品	都道府県名
①	日本なし	県	②	みかん	県
③	カツオ	県	④	しじみ	県
⑤	さつまいも	県	⑥	讃岐うどん	県
⑦	カステラ	県	⑧	ふぐ	県
⑨	森のくまさん（ブランド米）	県			

鹿児島　島根　熊本　山口　鳥取　香川　長崎　高知　愛媛

② ①図（あ〜う）の祭りと伝統的工芸品に関係する都道府県名をかきましょう。〈知識〉（6点×3）

沖縄　佐賀　徳島

（あ）阿波踊り
（　　　）県

（い）琉球がすり ©琉球絣事業協同組合
（　　　）県

（う）伊万里・有田焼
（　　　）県

③ 次の地図を見て、あとの問いに答えましょう。

〈知識〉

長崎　福岡　宮崎　岡山　大分　広島

山陽新幹線　博多　広島　岡山　京都　新大阪
九州新幹線　熊本　瀬戸大橋
鹿児島中央　瀬戸内しまなみ海道

(1) 次の連絡橋が結んでいる都道府県名をかきましょう。（4点×2）

① 瀬戸内しまなみ海道…（　　　　　　）県と愛媛県

② 瀬戸大橋　　　　…（　　　　　　）県と香川県

(2) 次の新幹線に関係する都道府県名をかきましょう。（5点×4）

① 山陽新幹線と九州新幹線をつないでいる県

（　　　　　　　）県

② 沖縄県以外で九州新幹線が通っていない県（2020年）

（　　　）県（　　　）県（　　　）県

近畿・中部地方

1 次の特産品を見て、都道府県名をかきましょう。〈知識〉(6点×8)

特産品	都道府県名	特産品	都道府県名
① 越前ガニ	県	② 伊勢えび	県
③ 富富富 (ブランド米)	県	④ ぶどう	県
⑤ 有田みかん	県	⑥ たこ焼き	府
⑦ 名古屋コーチン	県	⑧ お茶	県

静岡　山梨　富山　大阪　福井　和歌山　愛知　三重

2 1 図(あ〜う)の祭りと伝統的工芸品に関係する都道府県名をかきましょう。〈知識〉(6点×3)

長野　滋賀　京都

あ 祇園祭 (　　　　)府
い 御柱祭 (　　　　)県
う 信楽焼 (　　　　)県

3 次の地図を見て、あとの問いに答えましょう。〈知識〉

新潟　石川　奈良　兵庫　岐阜

(1) 神戸市と淡路島の間にかけられた世界一長いつり橋、明石海峡大橋がある県は、どこですか。(6点)　(　　　　)県

(2) 海に面していない⑦と①の都道府県名をかきましょう。(7点×2)
⑦(　　　　)県　①(　　　　)県

(3) 東京発新幹線の終着駅の都道府県名をかきましょう。(7点×2)
① 北陸新幹線…(　　　　)県
② 上越新幹線…(　　　　)県

関東・東北・北海道地方

1 次の特産品を見て、都道府県名をかきましょう。〈知識〉(7点×8)

特産品	都道府県名	特産品	都道府県名
① キャベツ	県	② ぎょうざ	県
③ 落花生（ピーナッツ）	県	④ さくらんぼ	県
⑤ 水戸納豆	県	⑥ もも	県
⑦ 草加せんべい	県	⑧ シュウマイ	県

茨城　栃木　神奈川　群馬　福島　山形　埼玉　千葉

2 **1**図（あ〜う）の祭りと伝統的工芸品に関係する都道府県名をかきましょう。〈知識〉(6点×3)

岩手　青森　宮城

あ
仙台七夕まつり
（　　　　）県

い
ねぶた祭
（　　　　）県

う
南部鉄器
（　　　　）県

3 次の地図を見て、あとの問いに答えましょう。〈知識〉

(1) 図の新幹線の始発駅がある都道府県は、どこですか。(7点)

（　　　　　　　　）

(2) 東北新幹線で次の県庁所在地を通る都道府県名をかきましょう。(6点×2)

① 仙台（　　　　　　）

② 盛岡（　　　　　　）

(3) 何新幹線に乗ると青函トンネルを通ることができますか。(7点)

（　　　　　　　　）新幹線

岩手県　宮城県　東京都　北海道

社会 3・4 年生
習熟プリント
答え

地図と方位
方位記号

① 次の問いに答えましょう。

(1) 次の（ ）にあてはまる言葉を、□□□からえらんでかきましょう。

東西南北の向きのことを（① 方位 ）といいます。

東西南北の（② 四方位 ）や、さらに細かくした（③ 八方位 ）などを用いて表すことができます。正かくな方位を知りたいときは、平らな所に右の写真の（④ 方位じしん ）をおいて調べます。

| 方位じしん　八方位　四方位　方位 |

方位じしんは、色のついたはりの先がさす方向が北になるのよ。

(2) 次の（ ）に東・西・南のどれかをかきましょう。

北を向いて立ったとき、右手は（① 東 ）、左手は（② 西 ）の方位をしめします。

また、せなかは（③ 南 ）を向きます。

ポイント　方位を表すのに八方位を使うと、わかりやすいことを知りましょう。

② 次の方位記号の（ ）の中に、あてはまる方位をかきましょう。

① （ 北 ）
② （ 北西 ）
③ （ 北東 ）
④ （ 西 ）
⑤ （ 東 ）
⑥ （ 南西 ）
⑦ （ 南 ）
⑧ （ 南東 ）

③ 次の（ ）にあてはまる言葉を、□□□からえらんでかきましょう。

絵地図は、田や畑、住たくなど、（① 土地 ）がどのように使われているか、病院やゆうびん局などの（② 公きょうしせつ ）はどこにあるかなどを絵でかいた地図のことです。地図をかくときは、ふつう上が（③ 北 ）をしめしています。

| 北　南　公きょうしせつ　土地 |

5

地図と方位
絵地図

① 次の地図は、ある学校の校区の絵地図です。①～④にしたがってかきましょう。

① 地図の左上の方位記号をなぞりましょう。

② 家が集まっているところを赤い色でぬりましょう。

③ 田んぼや畑を緑色でぬりましょう。

④ 工場を青色でぬりましょう。

ポイント　絵地図をかくときには、目じるしになるたて物などをかきましょう。

② 左の地図からわかることで、正しいものに○をつけましょう。

（　　） 駅の南にはコンビニがある。

（　　） この学校の校区には病院はない。

（ ○ ） 小学校は駅より南にある。

（　　） 小学校の東には田んぼがあり、寺がある。

③ 絵地図をかくときについて、正しいものに○をつけましょう。

（ ○ ） 地図の上を北とする。

（　　） 家は1つずつすべてかくようにする。

（ ○ ） 目じるしになる学校や神社などをかく。

（ ○ ） 大きな道や川、鉄道などをかくとき、方位をまちがえないようにする。

（　　） 数字や文字の向きは考えなくてもよい。

（　　） 車をたくさんかくと、道路だとわかりやすい。

（　　） 土地のようすがわからないところは、自分が想ぞうしたことを入れて、地図をつくる。

（ ○ ） 家のあるところや、田畑、工場などは色分けをするとわかりやすい。

6

地図と方位　地図記号

① 次の地図を見て、あとの問いに答えましょう。

(1) 地図中の地図記号は何を表していますか。①～⑦にあてはまる言葉を、［　］からえらんでかきましょう。

①（ 消ぼうしょ ）
②（ けいさつしょ ）
③（ 市役所 ）
④（ 学校 ）
⑤（ 図書館 ）
⑥（ 病院 ）
⑦（ 寺 ）

［ けいさつしょ　学校　消ぼうしょ　市役所　寺　図書館　病院 ］

(2) 次の文を読んで、たて物の名前を［　］から、地図記号を地図からえらんでかきましょう。

① 駅の北にあり、手紙や小づつみなどをあつかっている。　（ ゆうびん局 ）　〒

② わたしの家の道路をはさんだ東がわにある。　（ 神社 ）　〒

③ 地図の南東のはしにあり、物をつくっている。　（ 工場 ）　☼

［ 工場　神社　ゆうびん局 ］

月　日　名前

ポイント　地図記号の意味を知りましょう。

② 次の地図記号と意味のあうものを、線でむすびましょう。

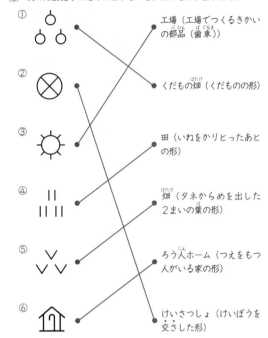

① ── 工場（工場でつくるきかいの部品（歯車））

② ── くだもの畑（くだものの形）

③ ── 田（いねをかりとったあとの形）

④ ── 畑（タネからめを出した2まいの葉の形）

⑤ ── ろう人ホーム（つえをもつ人がいる家の形）

⑥ ── けいさつしょ（けいぼうを交さした形）

地図と方位　地図をつくる

① 山田小学校の校区の地図を見て、次の（　）にあてはまる言葉を、［　］からえらんでかきましょう。

　町の北には（① 鉄道 ）が走っていて、駅前には（② スーパーマーケット ）やコンビニがあり、多くの人が出入りしています。山田小学校は、駅から線路にそって（③ 西 ）に進むとあります。学校の給食で飲んでいる牛にゅうは、この町の（④ 南東 ）にある牛にゅう工場からとどけられています。町の西には（⑤ 寺 ）があり、大みそかに除夜のかねが鳴ります。

［ スーパーマーケット　鉄道　寺　西　南東 ］

月　日　名前

ポイント　地図をかくときには、方位と地図記号を上手に使いましょう。

② 左の地図を見て、次の問いに答えましょう。

(1) 地図中の①～⑦に入る「地図記号」を［　］からえらんでかきましょう。また、住たくがあるところはピンク色、お店は茶色にぬりましょう。

［ ☼　文　川川　盾　⊗　Ψ　〒　○　卍 ］

(2) □ア～エに方位をかきましょう。

(3) ◯に方位記号をかきましょう。

地図と方位　町たんけん・公きょうしせつ

① 町のようすを調べるために、町たんけんに出かけます。次の問いに答えましょう。

(1) 持っていくものとしてよいと思うものに、○をつけましょう。
（　）自転車　　（○）たんけんカード
（○）えんぴつ　（　）おかし
（　）ゲーム　　（○）ノート

(2) 町たんけんをするときに気をつけることとして、正しいものに○をつけましょう。
（○）学校の外に出るので、交通ルールは必ず守る。
（　）歩きながら、進む方向をその時に決める。
（○）町の中のいろいろなものを見落とさないように、できるだけ歩道を広がって歩くようにする。
（○）行きたい場所や知りたいことを話し合って決めておく。

(3) 町の人にインタビューをすることにしました。インタビューのしかたで、よいと思うものに○をつけましょう。
（○）話を聞かせてもらえるかどうか、はじめに聞く。
（○）聞いたことや知ったことなどは、メモしておく。
（　）仕事がいそがしそうでも、インタビューする。
（○）話を聞いたあとはお礼を言う。

月　日　名前

ポイント　町たんけんをして、公きょうしせつのやくわりを学びましょう。

② 公きょうしせつについて、次の問いに答えましょう。

(1) 次の（　）にあてはまる言葉を、［　］からえらんでかきましょう。

　公きょうしせつとは、（① みんな ）のためにつくられたたて物や場所のことです。たとえば、みんなが通っている（② 学校 ）や、だれもが遊べる（③ 公園 ）などがあります。

［ 学校　コンビニ　みんな　公園 ］

(2) 次の仕事をしている公きょうしせつを、線でむすびましょう。

絵や書、工芸などの作品をてんじしている。　── 市役所

たくさんの本がおいてあり、だれでも本を読んだり、かりたりすることができる。　── 図書館

市みんのけんこうや子育てなど、市みんのくらしやさん業にかかわるさまざまな仕事を行っている。　── 美じゅつ館

地図と方位　市のようす(1)

① 次の地図はA市のようすを表したものです。地図を見て、あとの問いに答えましょう。

(1) （　）にあてはまる言葉を、［　］からえらんでかきましょう。

A市のようす

凡例：
■ 高いところ
▨ 少し高いところ
▢ 低いところ
■ 家や店の多いところ
田　畑
☆ 工場　文 小中学校
━━ 鉄道（JR）
┅┅ そのほかの鉄道
━━ 高速道路
── 道路

　A市の土地のようすを見てみると、西部には（① 海 ）が広がっていて、市の東から西にかけて（② 川 ）が流れています。北部には（③ 家や店 ）がたくさん集まっていて、南部には（④ 田や畑 ）が多く、米や野さいなどをつくっています。

［ 川　家や店　海　田や畑 ］

月　日　名前

ポイント　地図から市のようすを学びましょう。

② 左の地図を見て、次の問いに答えましょう。

① 工場が多いのは、北部と南部のどちらですか。（ 北部 ）

② 学校が多いのは、北部と南部のどちらですか。（ 北部 ）

③ JRはこの地いきをほぼどの方向に通っていますか。次のア～ウからえらびましょう。　（ ア ）

［ ア 北～南　イ 東～西　ウ 北西～南東 ］

④ 次の文は市役所のまわりについてせつ明しています。市役所のある場所を地図中の⑦～⑫からえらんでかきましょう。

市役所のまわりには家やお店が多く、JRのほかに鉄道などの交通が集まっています。

（ ⑨ ）

⑤ 人口が多いのは北部と南部のどちらでしょう。また、そう考えた理由を答えましょう。

人口が多いのは（ 北部 ）です。
理由は、（家や店、田や畑）という言葉を使ってかきましょう。

（れい）
南部には田や畑が多いが、北部には家や店が多いから。

地図と方位 — 市のようす(2)

① 次の地図を見て、あとの問いに答えましょう。

A市のようす

（1）次の文で、正しいものに○をつけましょう。

（　）山は、くだものの畑に使われている。
（○）工場は、海がわに多い。
（　）A市を通っている鉄道は、JRだけである。
（　）家は、山のしゃ面に多く集まっている。
（　）A市には、川は流れていない。

（2）次の絵は、地図のどの地点をかいたものでしょうか。左のページの地図の⑦〜㉜にあてはまるものをえらび、記号でかきましょう。（同じ答えが2つあります。）

① 山が多いところ　（イ）

② 家が集まっているところ　（エ）

③ 工場が多いところ　（オ）

④ 駅前の商店がいがあるところ　（ウ）

⑤ 鉄道や道路が集まっているところ　（ウ）
⑥ 山の中に学校があるところ　（ア）

② 市のことを調べるとき、パソコンを使ってしりょうを集めることができます。このようなネットワーク（仕組み）のことを何といいますか。□からえらんでかきましょう。

（インターネット）

| メディア放送　インターネット　テレビゲーム |

11

まとめテスト — 地図と方位(1)

① 次の方位記号の①〜④に、あてはまる言葉をかきましょう。（2点×4）

① （東）　② （南西）
③ （西）　④ （北東）

② ①の方位の表し方を何といいますか。（2点）

（八方位）

③ 次の地図記号は、何を表しているか答えましょう。（4点×8）

① ⊕（ゆうびん局）　② 卍（寺）
③ ⊞（病院）　④ ☆（工場）
⑤ ⌀（くだもの畑）　⑥ ⊗（けいさつしょ）
⑦ ◎（市役所）　⑧ Y（消ぼうしょ）

④ 地図をかくときに気をつけることとして、正しいものに○をつけましょう。（4点×2）

（○）地図の上は北とする。
（　）地図の上は南とする。
（　）家は1けんずつかく。
（○）目じるしとなる学校や神社などをかくとわかりやすい。
（　）道ろは車をたくさんかくとわかりやすい。

12

---

⑤ 次の地図は、ある町の駅前のようすを表したものです。あとの問いに答えましょう。

（1）次の場所は地図の⑦〜㉜のどこを表しているでしょう。話を聞いて答えましょう。（10点×4）

🧒：スーパーのとなりに①ゆうびん局があるよ。
🧒：②工場は、ゆうびん局の南にあるんだ。
🧒：駅の北には、③消ぼうしょがあるんだ。
🧒：④市役所は、工場より東にあるよ。

① ゆうびん局（ウ）　② 工場（エ）
③ 消ぼうしょ（ア）　④ 市役所（イ）

（2）次のたて物を西から東にじゅん番にならべましょう。（完答10点）

| 図書館　市役所　学校　寺 |

西（学校　→　図書館　→　市役所　→　寺）東

地図と方位(2)

① ある市のようすを表した地図を見て、次の問いに答えましょう。

（1）地図の3つの□にあてはまる地図記号をかきましょう。（10点×3）

①（ ◎ ）　②（ ⊗ ）　③（ ☆ ）

（2）店の多いところには青色、家の多いところにはピンク色をぬって地図をかんせいさせましょう。（10点）

（3）次の絵は、地図中の⑦〜㉜のどの地いきのようすを表したものでしょう。あてはまるものを記号でかきましょう。（5点×3）

①（ ウ ）　②（ イ ）　③（ ア ）

13

（4）右の地図記号のせつ明として、正しいものを次のア〜エから1つえらびましょう。（6点）

ア　めを出してきた2まいの葉の形
イ　そろばんの玉の形
ウ　くだものの形
エ　工場にあるさいの歯車の形

（ ア ）

（5）次の文を読んで、正しいものに○をつけましょう。（5点×3）

（○）駅の東の方には買い物をするところが集まっている。
（○）東の方には工場がある。
（○）川は学校の近くを流れている。
（　）学校のまわりは田になっている。
（　）川に橋は5つかかっている。

（6）店が多いところがどこか、（　）にあてはまる言葉を、□からえらんでかきましょう。（8点×3）

大きな道路があるところや、（①駅）前は、（②交通）のべんがよく、人がたくさん集まってきます。それらの人たちが利用できるように（③店）が多くつくられています。

| 店　駅　交通 |

店ではたらく人びと — 買い物調べ

① 次のグラフを見て、あとの問いに答えましょう。

（1）3年1組（30人）で買い物調べをしました。右の表は何を表していますか。

1週間で買い物をした店と回数

| 1週間で買い物をしたお店と回数 |

（2）上のグラフについて、正しいものに○をつけましょう。

（○）商店がいで買い物をした回数をあわせると、スーパーマーケットでの回数より多い。
（　）一番多く買い物をした店は、コンビニエンスストアである。
（　）駅近くの商店がいのお店は、仕事帰りの人だけが利用している。
（○）1週間にスーパーマーケットでの買い物をおよそ150回している。

---

② 次の表は、たくさんの家族の1週間の買い物調べを表した表です。この表を見て、あとの問いに答えましょう。

1週間の買い物調べ　　たくやさんの家

		月	火	水	木	金	土
パン	スーパーマーケット					パン屋	
肉	スーパーマーケット						
野さい	スーパーマーケット						
魚	スーパーマーケット						
飲み物	コンビニエンスストア						
おかし	コンビニエンスストア			コンビニエンスストア			
文房具	スーパーマーケット						
洋線							デパート
その他	どこで	コンビニエンスストア		コンビニエンスストア	ドラッグストア		デパート
	何を	電池		おにぎり	せんざい		くつ

（1）次の文のうち正しいものをえらんで、番号をかきましょう。

① 毎日買い物をしている。
② コンビニエンスストアで買うのは、食べ物だけである。
③ 一番多く行っているのがコンビニエンスストアである。
④ 一番多くのしゅるいの品物を買った日は、月曜日である。

（ ③ ）

（2）上の表からスーパーマーケットのようすがわかることを考えてかきましょう。

（れい）
スーパーマーケットでは、いろいろなものを売っているので、一度にたくさんの買い物ができる。

15

店ではたらく人びと
スーパーマーケットの仕事(1)

① 次の( )にあてはまる言葉を、□□□からえらんでかきましょう。

スーパーマーケットには、遠い所からでも車で来られるように、大きな(① ちゅう車場)があります。また、食べ物から洋服まで(② たくさん)の品物があり、(③ 一度)にまとめて買うことができます。新聞に入っている(④ チラシ)で、安いものが何かがわかり買いに行けます。また、家族の人数に合わせてほしい(⑤ りょう)だけ買えるように、いろいろな大きさに切られた野さいなどが売り場に出されています。

一度　たくさん　チラシ　ちゅう車場　りょう

② スーパーマーケットの「安全・安心のくふう」について、正しいものに○をつけましょう。

( ) 野さいのそばに、りょう理で使う調味りょうもいっしょにおいている。

(○) 野さいをつくった農家の人の名前や顔を、お客さんにつたえている。

(○) すぐに使うことができるように、カットされた野さいが売られている。

( ) 遠くからでもよく見えるように、大きなかん板がある。

16

ポイント スーパーマーケットの仕事を写真などから学びましょう。

③ 品物にはられているシールのせつ明を、ア〜オからえらんで、記号をかきましょう。

ア　バーコード
イ　消ひ期げん
ウ　加工会社など
エ　品名と生さん地
オ　ねだん

④ 次の写真について、せつ明した文を線でむすびましょう。

牛にゅうパックやトレーなどを回しゅうするためのリサイクルボックス

しょうがいがある人のためのちゅう車スペース

小さな子どもをつれていても荷物が楽に運べるように、子どもを乗せることができるカート

店ではたらく人びと
スーパーマーケットの仕事(2)

① 次の問いに答えましょう。

(1) スーパーマーケットで①〜③の仕事をしている人を、⑦〜⑨の写真からえらびましょう。

① できたてのおそうざいを食べられるように、1日に何回かにわけて作っている。　(⑨)

② 品物がなくなっていないかなど品物の売れぐあいを調べて、注文する数を決めている。　(⑦)

③ 品物の名前とねだんが、自動でレシートにうち出されるバーコードをきかいで読み取っている。　(④)

⑦　　　④　　　⑨

(2) 次のA・Bは、お客さんのねがいです。これは(1)の⑦〜⑨のどれとかんけいしていますか。記号をかきましょう。

A　品切れがないようにしてほしい。　(⑦)

B　夜おそくても、おそうざいのしゅるいを多くしてほしい。　(⑨)

17

ポイント スーパーマーケットの仕事と、品物がどこから運ばれてくるかを写真や図から学びましょう。

② まことさんは、自分が住んでいる町のスーパーマーケットの品物が、どこから運ばれてくるのかを調べています。次の問いに答えましょう。

(1) れいをさん考にして、地図中の□□にあてはまる品物の名前をかきましょう。

店にあっただんボール箱
れい　佐賀たまねぎ

群馬キャベツ	熊本みかん	北海道たまねぎ	北海道じゃがいも	北海道メロン
青森りんご	鳥取すいか	長野りんご	徳島だいこん	鹿児島さつまいも
岡山もも	宮崎きゅうり	オーストラリアオレンジ	フィリピンバナナ	アメリカレモン

①北海道　たまねぎ／じゃがいも／メロン
②青森県　りんご
⑥鳥取県　すいか
⑤岡山県　もも
③群馬県　キャベツ
④長野県　りんご
⑦佐賀県　たまねぎ
⑩熊本県　みかん
⑪鹿児島県　さつまいも
⑧徳島県　だいこん
⑨宮崎県　きゅうり

外国から
⑫オーストラリア　オレンジ
⑬フィリピン　バナナ
⑭アメリカ　レモン

店ではたらく人びと

① 次の①〜⑥は、⑦家の近くの商店がい、④スーパーマーケット、⑨コンビニエンスストアのうち、どの店のとくちょうをしめすものでしょうか。( )に⑦〜⑨をかきましょう。　(8点×6)

① (④) 品物のしゅるいやりょうが多いので、一度に多くの買い物ができる。

② (⑦) お店の人と知り合いになって、りょう理のしかたなどを直せつ聞けたりできる。

③ (⑦) 夜おそく開いているので、足りなくなった物がすぐ買える。

④ (⑦) おまけしてくれたりもする。

⑤ (④) 広いちゅう車場があるので、自動車でたくさんの買い物ができる。

⑥ (⑨) 映画やコンサートのチケットが取れたり、銀行の仕事をしたり、おべんとうも売ったりしている。

② 駅前の商店がいでは、お客さんが雨や雪の日でも、かさをささないで買い物がしたいというねがいに対してどのようなくふうをしていますか。番号をかきましょう。　(10点)

① アーケード(屋根)をつけている。
② チラシをくばる。
③ ちゅう車場をつくっている。
(①)

18

③ 次の問いに答えましょう。　(8点×4)

(1) 次の( )にあてはまる言葉を、□□□からえらんでかきましょう。

こんでいるときでも、車いすや(ショッピングカート)が使えるように、(通路)が広くなっています。また、①には小さな子どもが乗れるものがあり、大人の人は安心して買い物ができます。また、(ゆか)が平らになっているので、つえをついている高れい者も安全に買い物ができます。

ゆか　通路　ショッピングカート

(2) (1)のせつ明は、①の⑦〜⑨のどれですか。　(④)

④ 次の地図で、外国から運ばれてくるものは何ですか。地図から1つえらびましょう。　(10点)

(バナナ)

畑ではたらく人びと
宮崎市でつくられる農ちくさん物

① 次は宮崎市でつくられている農ちくさん物(野さいやくだもの、肉やたまごなど)を表したものです。あとの問いに答えましょう。

宮崎市

かく地区の主な農ちくさん物

右の表は市でつくられている野さいを表しています。一番多くつくられている野さいの名前をかきましょう。

(きゅうり)

宮崎市でつくられている野さい

	生さん量(トン)
きゅうり	32,306
ピーマン	4,799
マンゴー	405
黒皮かぼちゃ	50.8

(宮崎市調べ 2019年)

20

ポイント 畑ではどんなものがつくられているかを、地図から学びましょう。

② 左の地図からわかることについて、正しいものに○をつけましょう。

(○) マンゴーや、コチョウランなど暑い国の農作物がつくられている。

( ) お米はつくられていない。

( ) ちくさんは、肉牛だけである。

(○) トマトやきゅうり、ピーマンなどの夏野さいがつくられている。

(○) きゅうりは、多くの地区でつくられている。

③ 農家の見学のしかたについて、正しいものに○をつけましょう。

(○) 畑のようすや農家の人がどのような作業をしているかをよくかんさつする。

( ) 農家の人が話をしているときに、友だちとしゃべってもよい。

(○) 見学が終わったら、農家の人にお礼を言う。

(○) 話を聞いてわかったことは、メモをしておく。

( ) 自分が気になる野さいがあると、勝手に見に行く。

畑ではたらく人びと

農家の仕事(1)

① 宮崎市の農さん物を表しています。次の問いに答えましょう。

品目（品種）	出荷時期 1月 2月 3月 4月 5月 6月 7月 8月 9月 10月 11月 12月	ピーク
きゅうり	ハウスさいばい　ろ地さいばい　ハウスさいばい	12〜5月
マンゴー	ハウスさいばい	5〜6月
トマト	ハウスさいばい	3〜4月
ミニトマト	ハウスさいばい	3〜5月

※ろ地さいばい…外で育てること　●ハウスさいばい…ビニールハウスで育てること

(1) 出荷時期が一番長い農さん物の名前をかきましょう。

（　きゅうり　）

(2) 次の（　）にあてはまる言葉を、□□からえらんでかきましょう。

表の農さん物は（　夏　）の野さいとくだものですが、出荷は（　冬　）から春にかけてです。
右の写真の（ビニールハウス）を使います。この中はあたたかいので、寒いきせつでも育てることができます。

ビニールハウス　夏　冬

ポイント：畑でつくられている野さいが出荷されるまでを、写真や表から学びましょう。

② 次の写真は、（宮崎市の）きゅうりの出荷までのようすです。かんけいする言葉を□□からえらんで記号をかきましょう。

（①　イ　）　（②　エ　）

（④　ウ　）　（③　ア　）

⑦ しゅうかくする　　 ⑦ なえを育てる ⑦ 箱づめをする　　 ⑦ 農薬をまく

21

畑ではたらく人びと

農家の仕事(2)

① 農家の人びとは、くだものや野さいをつくってしゅうかくするまでに、えだ切りや実まびきなどの多くの仕事をします。これは何のためですか。正しいものに〇をつけましょう。

※まびく…なえをじょうぶにするために、間のなえをぬくこと。

（　　） しゅうかくを楽にするため。
（　　） たくさんのしゅるいのくだものや野さいをつくるため。
（〇） おいしいくだものや野さいをつくるため。

② 農業に必要なきかいや肥料を売ったり、農家の作物づくりの助けになる仕事をしているところを何といいますか。次からえらんで番号をかきましょう。
①農協（農業協同組合/JA）②村役場 ③青果市場

（　①　）

③ 次の（　）にあてはまる言葉を、□□からえらんでかきましょう。

給食などでは、地いきでつくられたものを地いきで食べろという（地さん地消）の取り組みが進められています。地いきでつくられたものは（新せん）で、生さん者がわかるので（安心）して食べることができます。

安心　新せん　地さん地消

22

ポイント：農家の人びとと農協のつながりを図から学びましょう。

④ 次の表の①〜③にあてはまる言葉を、□□からえらんでかきましょう。

八百屋　工場　青果市場　農家

① → JA → ② → 卸売業者 → ③と外食さん業やスーパー → わたしたちの家

インターネットなどで売られる

① 農家	② 青果市場	③ 八百屋

まとめテスト

畑ではたらく人びと

月　日　名前　　　/100点

① 次の表を見て、あとの問いに答えましょう。

品目（品種）	出荷時期 1月 2月 3月 4月 5月 6月 7月 8月 9月 10月 11月 12月	ピーク
きゅうり	ハウスさいばい　ろ地さいばい　ハウスさいばい	12〜5月
トマト	ハウスさいばい	3〜4月

(1) 表からわかることについて、（　）にあてはまる言葉をかきましょう。（完答25点）

きゅうりが外でつくられるのは、（　7　）月〜（　10　）月です。

(2) (1)いがいでは、きゅうりは右の写真のようなしせつを使ってつくられています。このようなしせつを何といいますか。（15点）

（ビニールハウス）

(3) 右の作業は、何をしていますか。次からえらびましょう。（15点）

ア じょうぶな作物ができるように、ひ料をまいている。
イ 種をまいて、なえを植えている。
ウ 虫がついたり、病気になったりしないように農薬をまいている。

（　ウ　）

23

---

(4) 右の作業はきゅうりをしゅうかくしているところです。（　）にあてはまる言葉をかきましょう。（15点）

（ はさみ ）を使って、一本ずつつると実をつないでいる部分を切ります。

(5) 右のグラフは東京市場でのきゅうりの入荷量と1kgあたりのねだんです。このグラフを見てわかることを（　）にかきましょう。（15点）

東京市場における月別のきゅうりの入荷量ときゅうり1kgあたりの平均ねだん

入荷量が少ない（①冬）は、ねだんが（②高く）なり、入荷量が多い（③夏）はねだんが（④安く）なる。

夏　冬　高く　安く

② できたきゅうりをはこづめし、出荷するところを何といいますか。次からえらびましょう。（15点）

ア スーパーマーケット　イ 市役所・村役場 ウ 農業協同組合　　　　エ コンビニエンスストア

（　ウ　）

工場ではたらく人びと

パン工場の仕事(1)

① 生活科の学習で、パン工場に行きました。（　）にあてはまる言葉を、□□からえらんでかきましょう。

工場についたとき、トラックがパンの原りょうである（小麦こ）を運んできたところでした。工場の中では、はたらく人はみんな（②白い）服をきて、ぼうしや（③マスク）、手ぶくろなどをしていました。さらに、ローラーや風で服のほこりをとっていました。食べ物をつくる工場では（せいけつ）にするように注意していることがわかりました。

マスク　せいけつ　白い　小麦こ

② パンをつくっている工場ではせい品の原りょうは、どうやって手に入れていますか。次の地図を見て、正しいものに〇をつけましょう。

（　　） すべて日本国内のさん地から買っている。
（　　） 原りょうもすべて工場の中でつくっている。
（〇） 日本国内だけでなく、世界のいろいろな国から買っている。

24

ポイント：パン工場で、パンができるまでを写真などから学びましょう。

③ 子どもたちがパンがやけるまでのようすをメモしました。せつ明文とかんけいする写真を線むすびしましょう。

①パンのざいりょうを入れて、大きなかいでねっていた。

②ねったざいりょうはあたたかな部屋におかれて、とてもふくらんでいた。

③しおやバターなどで味つけされた生地は、きかいで同じ大きさに切られていた。

④パンのケースのまま長いベルトに乗せられ、そのまま大きなオーブンでやかれていた。

工場ではたらく人びと
パン工場の仕事(2)

1 次の表はパン工場での「仕事べつにはたらく時間のちがい」を表しています。あとの問いに答えましょう。

	時間
⑦パンのえい業をする人	休けい 休けい
⑦パンの原りょうを運ぶ人	休けい 休けい
⑦パンをつくる人	※
⑦店ごとにパンを分ける人	※
⑦店にパンを運ぶ人	休けい
⑦パンをつくるきかいを整びする人	※
④事む所ではたらく人	休けい

※時間たいごとの3交代せいで、24時間はたらいています

(1) この表からわかることで、正しいものに〇をつけましょう。

(〇) パン工場では、パンをつくる人や事むの人、パンを運ぶ人など、仕事を分たんしている。

( ) パン工場では、1つの工場で1しゅるいのパンだけが作られている。

( ) パン工場は夜しか動いていない。

(〇) パンをつくる人は、1日に3交代せいではたらいている。

ポイント パン工場では、いろいろな人たちがはたらいていることを表から知りましょう。

(2) 1日24時間ずっとはたらいているのは、どの仕事ですか。記号でかきましょう。

(⑦)(⑦)(⑦)

(3) 店にパンを運ぶ人は、何時から仕事をしていますか。

(3)時

(4) どうして(3)のように早いのですか。次の( )にあてはまる言葉を、□からえらんでかきましょう。

(朝)の出勤や通学時に、朝食や昼食のために買いに来るお客さんが多いので、その時間までに店に商品をそろえておくため。

朝 昼 夜

2 次の( )にあてはまる言葉を、□からえらんでかきましょう。

右の写真は(きかい)によって一斤ずつふくろづめされ、安全チェックされているところです。

人の手 きかい

3 次の( )にあてはまる言葉を、□からえらんでかきましょう。

パンは(① トラック)で店に運ばれます。事む所の人から注文されたパンのしゅるいと(② 数)を、どこの店に運ぶか指されます。また、決められた(③ 時こく)に、きちんと店までとどけることが運転手さんの仕事です。

数 時こく トラック

25

まとめテスト
工場ではたらく人びと

1 パン工場について、正しいものに〇をつけましょう。(10点×2)

(〇) はたらく時間をずらして交代で作業することで、たくさんのパンをつくっている。

( ) 工場では、パンの注文を受ける人とパンをつくる人しかはたらいていない。

(〇) 食品をつくっている工場では、安全なせい品をつくるために、えいせいにとくに注意している。

2 次の①～④を、パンをつくるじゅんにならべましょう。(完答30点)

①きかいで同じ大きさに切る ②食パンのかたのままやく

③生地を休ませてふくらませる ④ざいりょうをきかいでいれる

(④) → (③) → (①) → (②)

3 次の図を見て、あとの問いに答えましょう。(10点×3)

(1) パンの原りょうには、小麦があります。小麦は、どこの国から来ていますか。

(カナダ)と(アメリカ)(順不同)

(2) 小麦は、何によって日本に運ばれていますか。

(ばらづみ船(船))

小麦やトウモロコシや、鉄をつくる鉄鉱石などをつみこんで運ぶ船をばらづみ船というよ。

一度にたくさん運ぶためにつぶのままつみこまれています。どちらかにかたよらないように、船の中はこんな形をしているよ。

©株式会社商船三井

4 食品工場ではたらく人たちは、安全なせい品をつくるために、服そうに気をつけています。決められた服を着るほかに何を身につけていますか。右の写真を見て、( )に〇をつけましょう。(10点×2)

(〇) マスク ( ) ゴーグル

(〇) ぼうし ( ) 運動ぐつ

26

火事をふせぐ
消ぼうしの仕事

1 次の( )にあてはまる言葉を、□からえらんでかきましょう。

消ぼう車は急いでげん場にかけつけるために(① サイレン)を鳴らしながら走ります。火事の(② 場所)や大きさによって出動する消ぼう車のしゅるいや台数がちがいます。げん場についたら、ホースを(③ 消火せん)につないで、水を出して消火にあたります。

場所 消火せん サイレン

2 次の文は、消ぼうしょを見学したときにまとめたメモです。せつ明文とかんけいする写真を、線でむすびましょう。

救急救命士 ― 高いたて物が火事になったときに消火・救助活動ができる。

はしご車 ― じょうぶでやぶれにくく、およそ1200度の熱に10秒くらいたえることができる。

ぼう火服 ― 病院につくまでに、医者の指じのもとに、ひつような手当てをしている。

提供：伊丹市消防局

28

火事をふせぐ
消ぼうしの1日とぼう火せつび

1 次の図は、消ぼうしの1日をまとめたものです。あてはまる言葉を□からえらんで、( )に記号をかきましょう。

③(エ)
①(ウ)
ぼう火しどう

②(ア)
かみん

交代・引きつぎ
⑤(イ)
くんれん

12：00
17：00
22：00
8：30

火事にそなえて、くんれんや点けん、整びなどさまざまな活動がされているんだね。

ア 体力づくり	イ 消火せんの点けん	ウ 車両の点けん
エ 9：00	オ 12：30	カ 22：00

ポイント 消ぼうしのはたらきと消ぼうしの仕事を写真などから知りましょう。

3 次の表を参考にして、消ぼうしについて( )にあてはまる言葉を、□からえらんでかきましょう。

	1日目	2日目	3日目
田中さん	きんむ	非番	休み
山本さん	休み	きんむ	非番
中村さん	非番	休み	きんむ

非番とは、前日からのきんむを終えた日のことをいうのよ。

① 消ぼうしはだいたい(24)時間交代できんむします。

② 火事のときには20kgものそうびで活動するので、ふだんから(くんれん)はかかせません。

12 24 くんれん 昼ね

4 次の文で消ぼうしょの仕事として、正しいものに〇をつけましょう。

(〇) 消ぼうしょは、自分たちの町や市でおきた火事だけでなく、近くの町や市の火事にも出動する。

( ) 消火のとき、家庭の水道の水をかりて、大量に出るようにしている。

( ) 救急車の中では、医者のかわりに手じゅつをしている。

(〇) ぼう火やひなんくんれんの指どうを行っている。

( ) 消火きなどをつくっている。

28

ポイント 消ぼうしの一日の仕事と、学校のぼう火せつびを写真や図から知りましょう。

2 学校には、火事が起こったときのためのせつびがあります。次の図は、そのせつびがどこにあるかたしかめたものです。

・火事を消すせつび →〇消火せん 〇消火き
・火事を広げないせつび →□ぼう火とびら
・火事を知らせるせつび →△ねつ感知き ☆けむり感知き ◆火さいほう知き
ひなんせつび→ひじょう階だん

(1) 次の写真は上の図にあるせつびのどれにあたります。
( )に名前をかきましょう。

⑦（ひじょう階だん）⑦（火さいほう知き）⑦（ぼう火とびら）

⑦（消火せん）⑦（消火き）

ひなんするときのやくそく
お おさない
は 走らない
し しゃべらない
も もどらない

(2) 学校の通りには、右の写真のかん板があります。このかん板はどのようなせつびですか。正しいものに〇をつけましょう。

( ) 消火のための水を出すところ

(〇) 消火に使う水をためておくところ

29

まとめテスト 火事をふせぐ(1)

1 次の図は、消ぼうの仕組みについてかいたものです。

(1) 火事を消ぼうしょに知らせるとき、何番に電話しますか。 **119**番 （8点）

(2) 次の□にあてはまる言葉をかきましょう。（4点×2）
通ほうするときは、2つの大切なことがあります。
まず、①火事 か、病気やけがの「救急」かをはっきりつたえます。次は、②場所 です。近くの目じるしになる物を言うことも大切です。

(3) 通信指令室から、「病気やけがの人がいる」というれんらくを受けて、消ぼうしょから出動する自動車は何ですか。（8点） （きゅう急車）

(4) (3)の自動車に乗り、医者の指じのもとに、ひつような手当てをする人を何といいますか。（8点） （きゅう急きゅう命し）

---

(5) 通信指令室は、火事のげん場のようすにあわせて、いろいろなところにれんらくします。どこにれんらくしますか。□からえらんで記号でかきましょう。（7点×4）
① 消火せんの水がよく出るようにする。（エ）
② 火事が大きくならないように、ガスの元せんをしめる。（ウ）
③ 消火活動がしやすいように、交通整理をする。（ア）
④ 消火や救助活動をする。（イ）
□ ⑦けいさつしょ ⑦消ぼうしょ ⑦ガス会社 ④水道局 □

(6) 左の図を見て、（）にあてはまる言葉をかきましょう。（6点×2）
早い時期での消火を助けるために、地いきの人たちでつくられた（消ぼうだん）にもれんらくがいきます。また、大きな火事のときは、ほかの市や町の（消ぼうしょ）にもおうえんをたのみます。

2 次の①〜④の文のうち、消ぼうしの仕事に○を、そうでないものには×をつけましょう。（7点×4）
①（○）学校のぼう火くんれんのきょうかをする。
②（×）人が多く集まるデパートやスーパーの消どくをする。
③（×）道がせまいと消ぼう車が通れないので、道を広げる。
④（○）町の消火せんなど、ぼう火せつびを点けんする。

30

まとめテスト 火事をふせぐ(2)

1 次の写真は消ぼうしの活動をとったものです。（）にあてはまる言葉を、□からえらんでかきましょう。（6点×3）
（ぼう火指どう）（車両の点けん）（くんれん）
□ くんれん ぼう火指どう 車両の点けん □

2 火事が起こったとき、げん場にすぐにかけつけられるように、消ぼうしはどのようなくふうをしていますか。（）にあてはまる言葉を、□からえらんでかきましょう。（6点×4）
消ぼうしのきんむは、当番・①ひ番・休みに分けられ、当番のときは②24時間はたらいています。③通しん指れい室から出動の指令があると、すぐにとび出せるように④ロッカーには消火そうびをまとめておいています。
□ ロッカー ひ番 24 通しん指れい室 □

---

3 次の図は学校にあるぼう火せつびを表しています。

(1) 次の4つのはたらきにあうせつびの名前をかきましょう。（7点×6）
① 火事を知らせるためのせつび（ねつ感知き）（火さいほう知き）※順不同
② 火事を消すためのせつび（消火せん）（消火き）※順不同
③ 火がもえ広がるのをふせぐせつび（ぼう火とびら）
④ 火事が起こったときに、安全ににげるためのせつび（ひじょう階だん）

(2) あなたは3年B組だったとします。理科実験室から火が出ました。あ〜おのどの階だんを使ってひなんするのがよいですか。（6点） お

(3) ひなんするときに気をつけなければならないことをかきましょう。（10点）（れい）「おはしも」をまもって、ひなんすること。

31

交通事こや事けんをふせぐ 事この原いん

1 次の表は、小学生が自転車に乗っていたときに起きた交通事この原いんをしめしたものです。あとの問いに答えましょう。

い反べつ	けん
信号で止まらなかった	6
交さ点で注意して進まなかった	38
一時てい止しなかった	62
ハンドルやブレーキを正しく動かしていなかった	26
前方をよく見ていなかった	18
安全かくにんをしなかった	94

(1) 原いんの中で一番多いのは何ですか。（安全かくにんをしなかった）

(2) 起こった事こは、全部で何けんありますか。（244）けん

(3) 交通事こが多い時間たいに○をつけましょう。
（ ）深夜のみんながねている時間
（ ）登校の時間
（ ）きゅう食の時間
（○）夕方の時間

時間たいべつ発生じょうきょう（発生けん数）

ポイント 交通事このけん数と原いんをグラフから学びましょう。

2 次のグラフは、事こにあったときの小学生の学年とそのときのようすをしめしたものです。

（自転車乗車中 歩いていたとき）

(1) 次の交通事こにあうのは小1と小6のどちらが多いですか。□にかきましょう。
（小6）自転車に乗っていたとき （小1）歩いていたとき

(2) 事こにあったけん数が、一番多いのは何年生ですか。（小4）

(3) 右の写真のガードレールには、どのようなはたらきがありますか。正しいものに○をつけましょう。
（○）自動車が歩行者にぶつかるのをふせぐ。
（ ）歩行者が道路を安全に横だんできる。
（ ）まがり角の先のようすがわかる。

33

交通事こや事けんをふせぐ 事こが起きたら

1 交通事こが起きたとき、どうすればよいのか、次の絵を見て、あとの問いに答えましょう。

(1) 事こが起きたときは、何番に通ほうしますか。（110番）

(2) 通ほうした電話は、どこにつながりますか。（通しん指れい室）

(3) 通ほうした人にたずねることとして、正しいものに○をつけましょう。
（○）事このようす（けが人がいるかどうかなど）
（ ）この日の天気のようす
（○）事この場所
（○）通ほうした人の名前と電話番号

ポイント 交通事こが起きたときに、どんな人たちがかかわっているかを図などから知りましょう。

(4) 交通事こが起きたとき、交通じょうほう板などを通して、事こを知らせる仕事をしているところはどこですか。図からえらびましょう。（交通かんせいセンター）

2 次の絵は交通事このげん場のようすを表しています。①〜④の人たちの仕事のせつ明にあう文と線でむすびましょう。

① ・ 事こ原いんを調べる。
② ・ げん場の交通整理をする。
③ ・ けが人を手当てして救急車で運ぶ。
④ ・ 事このようすをほうこくしたり、ひつようならおうえんをよんだりする。

34

交通事こや事けんをふせぐ
けいさつかんの仕事

① 次の写真は、けいさつかんの仕事を表しています。

(1) それぞれどんな仕事ですか。□からえらんで、□にかきましょう。

| あ | ちゅう車い反 | い | 地いきの見回り |
| ③ | 道あんない | え | 交通安全教室 |

交通安全教室　道あんない　ちゅう車い反　地いきの見回り

(2) 右の写真は、けいさつのしせつの一つで、主に駅前などにおかれ、道あんないをしたり、落とし物を受けつけたりしています。このしせつを何といいますか。

（ 交番 ）

ポイント けいさつかんの仕事を写真や表から学びましょう。

② 次の表を見て、あとの問いに答えましょう。

時こく	仕事
9:00	ひきつぎ
9:30	地いきのパトロール
11:00	地いきの家庭をたずねて、ぼうはん指どう
13:30	学校で①交通安全教室を開く
16:00	学校のまわりをパトロール
18:00	交番で落とし物の相談や道あんないなど
20:00	交番で休む
22:00	休けい、昼しょくをとる
23:30	地いきのパトロール
7:00	学校前で交通指どう
9:00	交代

(1) けいさつかんは何時間はたらいていますか。（ 24時間 ）

(2) 一番多くしている仕事は何でしょうか。次からえらびましょう。（ ア ）
ア　パトロール　イ　交通整理
ウ　交通指どう　エ　道あんない

(3) 下線部①の交通安全教室で行われている正しい自転車の乗り方について、正しいものに○をつけましょう。
（　） 自転車は、けいたい電話を見ながら走ってもよい。
（○） 夜はライトをつけて走る。
（　） 二人乗りをしてもよい。

③ 次の（ ）にあてはまる言葉を、□からえらんでかきましょう。

けいさつかんは、町の（①安全）を守り、わたしたちが（②安心）してくらせるようにするのが仕事です。

安心　安全

35

交通事こや事けんをふせぐ
事こをふせぐせつびと取り組み

① 次の写真は、道路にある安全のためのせつびです。その名前を□から、役わりを□からえらんで記号をかきましょう。

㋐カーブミラー
㋑点字ブロック
㋒歩道橋
㋓道路ひょうしき
㋔横だん歩道

あ交通安全の決まりやあんないをしめすためのかん板。
い歩行者が安全に道路をわたるための橋。
う西にしかれた丸い点のあるブロックで、目の不自由な人に注意をよびかけるせつび。
え広いはんいが見えるかがみで、道路の曲っている所や、見通しの悪い交さ点などにとりつけて道の先をうつす。
お道路に白いペンキでかかれていて、人や自転車が道路をわたるところをしめしている。

	①	②	③	④	⑤
名前	㋒	㋑	㋐	㋓	㋔
役わり	い	う	あ	え	お

36

ポイント 交通事こをふせぐためのせつびや、人びとのかかわりを写真から学びましょう。

② 安全なまちづくりについて行っている写真や図とせつ明文を、線でむすびましょう。

お店や家に子どもたちが助けをもとめることができるようにしている。

地いきの人などが市ときょうカして下校時間に小・中学校のまわりをパトロールしている。

子どもたちの登下校の時間に、地いきの人たちが交代で立ち番をしている。

事こや事けんをふせぐため、あぶない場所や安全な場所がかきこまれた地図をつくっている。

まとめテスト
交通事こや事けんをふせぐ

① 次の絵は事こが起こったときのようすを表しています。あとの問いに答えましょう。

(1) 次のようすは、㋐～㋗のどの場面ですか。（ ）に記号をかきましょう。(6点×6)
（㋑） けいさつかんが事このげん場で交通整理をしている。
（㋖） 事こを発見した人がけいさつに電話をしている。
（㋓） 救急車で、けが人を運んでいる。
（㋐） 指令をうけて、パトカーがげん場に向かう。
（㋔） じゅうたいが起きないように、電光けいじ板で事こを知らせる。
（㋒） 事このようすや原いんをその場で調べる。

37

---

(2) 事こが起こってから、しょりするまでのじゅん番を記号を使って表しましょう。(6点×5)

けいさつ ㋐→㋒→㋗
㋕ → 通信指令室 → 救急 ㋓ → 病院
道路 ㋔

(3) 事こでけが人がいるようです。通信指令室からどこに知らせますか。(6点)
（ 消ぼうしょ ）

(4) 次の文は、けいさつしょに事この発生を知らせたものですが、文には大事なことがぬけています。それを2つかきましょう。
「もしもし、今、車と子どもの乗った自転車が交さ点で、ぶつかりました。早く来てください。」(5点×2)

（れい）
事このおきた場所
通ほうした人の名前と電話番号

② 次の写真はけいさつかんが、何をしているところですか。□からえらんでかきましょう。(6点×3)

（ 落とし物の相談 ）（ 地いきの見回り ）（ 見守り活動 ）

地いきの見回り　見守り活動　落とし物の相談

社会ゲーム
昔の遊び

① 次の写真は、昔の遊びの道具です。

けん玉　めんこ　がりがりとんぼ　ふくわらい
©千葉県立中央博物館大利根分館
すごろく　こま　はごいた　たこ　まり
©伊丹市立博物館

(1) （ ）にあてはまる言葉を上からえらんでかきましょう。④は「おいばね」の道具をえらんで、名前をかきましょう。

もういくつねると　お正月
お正月には　（①）をあげて
（②）をまわして　（③）ついて
はやくこいこいお正月
もういくつねると　お正月
お正月には　（④）おいばねついて
はやくこいこいお正月

	遊びの道具
①	たこ
②	こま
③	まり
④	はごいた

---

(2) (1)のほかに次のせつ明にあうお正月の遊び道具を写真からえらんで、名前をかきましょう。
① 受け皿のようになったところと、けんのように先が出ているところに、ひもにつるされた玉をいどうさせる遊び。
② 「わらう門には福来る」とえんぎがいい遊び。
③ 昔は、どろで人の顔（面）をつくった「どろめんこ」を、われるまでうちつけたり、ぶつけたりして遊んでいた。
④ 竹のギザギザになったところをぼうで前後にこすると、先についているプロペラが回る遊び。
⑤ サイコロをふってコマを進めるので、みんなで楽しめてその年の運だめしにもなる。

①	けん玉	②	ふくわらい	③	めんこ
④	がりがりとんぼ	⑤	すごろく		

② 次の遊び道具で使っているものを線でむすびましょう。
①ポンポン船　②あやとり　③ブンブンごま　④やじろべえ

㋐ひも　㋑ろうそく　㋒どんぐり　㋓ボタン（2つあな）

38

今にのこる昔のくらし
昔の道具とくらし(1)

① 次の写真は、昔の生活で使われていた道具です。㋐～㋛は何をするための道具か、 [ ] からえらんで、かきましょう。

㋐ かまど　　㋑ はがま
（　ごはんをたく　）

㋒ 火ばち　　㋓ いろり
（　だんぼうをする　）

㋔ ランプ　　㋕ 電球
（　部屋を明るくする　）

㋖ コテ　　㋗ 炭火アイロン
（　ぬののしわをのばす　）

[ごはんをたく　ぬののしわをのばす　だんぼうをする　部屋を明るくする]

40

ポイント 昔の道具のはたらきを今とくらべてみましょう。

② 次の写真は、せんたくをするための道具です。

(1) 昔と今の道具についてせつ明した文を、㋐～㋓からそれぞれ2つずつえらびましょう。

たらいとせんたく板	ドラム式せんたくき
（ ㋐・㋒ ）	（ ㋑・㋓ ）

㋐ せんたく物を一まい一まい手でこすってあらう。
㋑ せんたく物にあわせたあらい方をえらべる。
㋒ 電気を使わない。
㋓ 一度にたくさんの物があらえる。

(2) 昔使われていた道具を見たり、さわったりするにはどこに行けばよいですか。正しいものに○をつけましょう。

（　）消ぼうしょ　　（　）けいさつしょ
（　）農業協同組合　（○）はく物館
（○）きょう土しりょう館（室）

41

まとめテスト
今にのこる昔のくらし

① 次の絵を見て、あとの問いに答えましょう。　(10点×5)

①　　　　②

(1) ①と②は何をしているところですか。（　食事　）

(2) ①と②は、「今」「昔」のどちらを表していますか。
①（　昔　）　②（　今　）

(3) ①の絵のせつ明として、正しいものに○をつけましょう。

（○）①のころは、電気を使った道具がなかったので、りょう理をするのに時間がかかりました。
（　）①のころはテレビを見ながら食事を楽しんでいました。
（○）①のころは、水道がなかったので、井戸から水をくんで、ふろ場や台所までおけで水を運んでいました。

42

---

② ①～⑤は昔から使われていた道具です。それぞれの名前を [ ] からえらんで、その記号を（　）にかきましょう。また、今はどのようにかわっているか、線でむすびましょう。　(5点×10)

①（ ㋑ ）—全自動せんたくき
②（ ㋒ ）—そうじき
③（ ㋑ ）—スマホ
④（ ㋔ ）—すいはんき
⑤（ ㋐ ）—水道

[㋐ ほうき　㋑ ポンプ（井戸）　㋒ かまど　㋓ 黒電話　㋔ せんたく板とたらい]

今にのこる昔のくらし
昔の道具とくらし(2)

① 次の昔の道具は、今のどの道具にあたりますか。 [ ] からえらんで、かきましょう。

①　　　　②　　　　③
（ 電たく ）（ せん風き ）（ トラクター ）

[せん風き　トラクター　電たく]

② 次の絵を見て、あとの問いに答えましょう。

(1) 次の（　）にあてはまる言葉をかきましょう。

昔は、まだ（①水道）がなかったので、（②い戸）から（③おけ）で水を運ぶお手つだいを子どもがしています。おばあさんは、（④かまど）にまきを入れて、火をおこしてりょう理をしています。

[い戸　かまど　水道　おけ]

41

ポイント 昔の道具が、今の道具にどのようにかわってきたのかを知りましょう。

(2) 2人はどんな服そうですか。
着ているもの（　着物　）
はいているもの（ ぞうり（げた） ）

③ 次の問いに答えましょう。

(1) くらしのへん化についてせつ明した㋐～㋓の文を古いじゅんにならべかえましょう。

㋐ かまどで火をおこしてりょう理をしていた。
㋑ 外出先からスマートフォンを使って、クーラーやおそうじロボットの電げんを入れることができるようになった。
㋒ ねんりょうとしてガスが使われるようになり、マッチで火をつけるガスコンロが使われた。
㋓ 電気やガスを使って、自動でごはんをたくすいはんきが広く使われるようになった。

（ ㋐ ）→（ ㋒ ）→（ ㋓ ）→（ ㋑ ）

(2) 手作業から電気せい品が多く使われるようになってきたことで、家の仕事にかかる時間はどうなりましたか。

（れい）
（今まで手作業で一つ一つしていたのが、電気せい品ができて、一度にたくさんできるようになって）家の仕事にかかる時間は短くなった。

市のうつりかわり
土地の使われ方

① 1929年

② 1967年

① 地図を見てあとの問いに答えましょう。

(1) 千里ニュータウンは、どのようにしてつくられましたか。上の地図を見て、正しいものに○をつけましょう。

（　）海をうめたててつくった。
（○）山や丘を平らにけずってつくった。
（　）古い団地やショッピングセンターをたてかえてつくった。

(2) ㋐の写真は、①～③のどの年のものか番号をかきましょう。
（　②　）

46

ポイント 年代ごとの地図を見くらべて、市がどのようにかわってきたかを学びます。

③ 2001年　　　㋐

(3) ①～③の地図からわかることを、（　）に○をつけましょう。

（○）1929年の地図では、1本の道にそって村があり、村のまわりは田に使われている。
（○）1967年の地図では、千里ニュータウンのけんせつが始まり、かつて丘だったところに団地がつくられている。
（　）1967年の地図では、団地が東がわに集まってつくられている。
（○）2001年の地図では、さらにたて物の数がふえ、自動車道や鉄道がつくられている。
（○）2001年の地図では、万博記念公園の中に国立民族学博物館がある。

市のうつりかわり
人口や交通のへん化

① 次のグラフを見て、あとの問いに答えましょう。

千里ニュータウンの年れい別人口

[グラフ: 1975 1980 1985 1990 1995 2000 2005 2010 2015]
①0～14さい ②15～64さい ③65さい以上

(1) 人口が一番多いのは、何年で、およそ何人ですか。
（ 1975 ）年　およそ（ 130000 ）人

(2) グラフを見て、正しいものに○をつけましょう。
（　）1975年からずっとふえている。
（　）人口は、1975年からかわっていない。
（○）1975年から少しずつへってきて、2010年から少しずつふえてきた。

(3) 1975年からふえつづけている年れいをかきましょう。
（ 65さい以上 ）

(4) 次のサービスは、上のグラフのどの年れいに対して行われますか。（　）に①～③の番号をかきましょう。
（①）子育てサービス　（③）かいごサービス

47

ポイント
市のうつりかわりをグラフや地図から学びましょう。

② 次の地図は、吹田市の地形を表しています。あとの問いに答えましょう。

80m以上 / 60～80m / 40～60m / 20～40m / 20～0m

(1) 土地が高いのは、北部と南部のどちらですか。
（ 北部 ）

(2) 中国自動車道は、どの方位に通っていますか。正しいものに○をつけましょう。
（　）南北
（　）南東
（○）東西

(3) この地いきを通っている道路と鉄道をかきましょう。
① 中国自動車道とならんでいる鉄道（ 大阪モノレール ）
② 40m以上の高いところを南北に通っている鉄道
阪急（ 千里 ）線
③ ②とならんでいるような鉄道（ 北大阪 ）急行電鉄
④ JR東海道本線とならんでいるように走っている道路と鉄道
（ 名神 ）高速道路　阪急（ 京都 ）線

学年末テスト
地図と方位・店ではたらく人びと

① 次の地図を見て、あとの問いに答えましょう。

[地図: 山田駅 商店がい スーパーマーケットＡ スーパーマーケットＢ コンビニエンスストア]

(1) 山田駅から見て、次の地図記号がある方位とその名前を、□□からえらんでかきましょう。方位は八方位でかきましょう。〈知識・技能〉(4点×16)

記号	方位	名前	記号	方位	名前
①○	南	市役所	②⊤	北	ゆうびん局
③⊕	北西	病院	④✕	南西	けいさつしょ
⑤卍	北東	寺	⑥☼	西	工場
⑦文	東	学校	⑧Y	南東	消ぼうしょ

学校　工場　けいさつしょ　病院
寺　消ぼうしょ　ゆうびん局　市役所

48

(2) 左の地図を見て、次の文で正しいもの3つに○をつけましょう。〈知識〉(4点×3)
（○）商店がいには、肉屋さんがある。
（○）パン屋さんは、商店がいの中に1けんだけある。
（　）べん当屋さんは、商店がいにある。
（○）この町には、スーパーマーケットよりコンビニエンスストアの方が多い。
（　）Ｂのスーパーマーケットのまわりは田んぼだけである。

② 次の文は、⑦商店がい、⑦スーパーマーケット、⑦コンビニエンスストアのどれを表していますか。（　）に記号をかきましょう。〈知識〉(4点×6)
（⑦）品物のしゅるいやりょうが多いので、短い時間でたくさんの買い物ができる。
（⑦）店の人と知り合いになって、話をしながら買い物ができる。
（⑦）買い物の相談にのってくれて、おまけをしてくれることもある。
（⑦）朝早い時間や夜おそい時間でも開いているので、足りなくなったものが買える。
（⑦）広いちゅう車場があるので、自動車でたくさんの買い物ができる。
（⑦）買い物だけでなく、お金を引き出したりする銀行の役目もしてくれる。

学年末テスト
畑・工場ではたらく人びと

① 次の表は、野さいをつくっている時期を表しています。あとの問いに答えましょう。

	1	2	3	4	5	6	7	8	9	10	11	12
（きゅうり）				Ⓐ				ろ地さいばい				Ⓐ
（トマト）				Ⓐ								Ⓐ

(1) 外でつくられている野さいと時期をかきましょう。〈技能〉(5点×2)
（ きゅうり ）〔 7 〕～〔 10 〕月

(2) Ⓐの時期では、右のしせつを使って野さいをつくっています。これを何といいますか。〈知識〉(8点)

（ ビニールハウス ）

(3) 野さいが高く売れるように気をつけていることと、くふうをかきましょう。〈知識〉(6点×5)
① 気をつけていること…（ 形 ）と（ 大きさ ）をそろえる。　※順不同
② くふう
・つくる時期を（ ずらす ）。
・ほかで（ つくらない ）野さいをつくる。
・（ せまい ）土地でもたくさんつくる。

せまい　形　つくらない　ずらす　大きさ

49

② 次の絵は、パン工場でのようすを表しています。絵のせつ明にあう文をえらんで（　）に記号をかきましょう。〈知識〉(6点×5)

①（⑤）②（⑥）③（⑥）
⑤（⑥）④（　）

⑥ パンをやく。
⑥ パンのふくろづめ。
⑥ パンの原りょうを運ぶ。
⑥ 生地づくり（ざいりょうをねる）。
⑥ パン生地をケースに入れてふくらませる。

③ 次の表を見て、あとの問いに答えましょう。

[表: パンをつくる人 / 事むの人 / 配たつの人　午前・午後の時間帯]

(1) 配たつの人は、何時からはたらいていますか。〈技能〉(6点)
〔 午前2 〕時から

(2) なぜ(1)からはたらくのですか。〈思考〉(8点×2)
パンは、（ 朝 ）に買いにくる人が（ 多い ）から。

学年末テスト
安全なくらしを守る

① 次の図を見て、あとの問いに答えましょう。(6点×10)

(1) 火事を知らせるときは、110番と119番のどちらですか。
（ 119 ）番〈知識〉

(2) (1)は、どこにつながりますか。〈知識〉（ 通しん指れい室 ）

(3) (1)にかけるときに大事なことをかきましょう。〈知識〉
① （ 火事 ）か『救急』かを言う。
② （ 場所 ）と近くの（ 目じるし ）になるたて物などを言う。

場所　目じるし　火事

(4) 次のところとかんけいする文を線でむすびましょう。〈知識〉
① ガス会社　　⑦消火せんの水がよく出るように。
② けいさつしょ　⑦交通整理をする。
③ 消ぼうしょ　　⑦けが人をちりょうする。
④ 水道局　　　⑦ばくはつしないよう止める。
⑤ 病院　　　　⑦消ぼう車を出動させる。

50

② 次の絵は、交通事こが起こったときのようすを表しています。あとの問いに答えましょう。

(1) 交通事こが起こったとき、何番にかけると「通信指令室」にかかりますか。〈知識〉(6点)
（ 110 ）番

(2) 通信指令室が次の①と②に連らくするのは消ぼうしょとけいさつしょのどちらですか。「　」にあてはまる言葉をかきましょう。〈知識〉(6点×2)
「通信指令室」⇒「①消ぼうしょ」（けが人を運ぶ。）
「②けいさつしょ」（事このげんばに向かう。）

(3) (2)の①・②から出動する車は、何ですか。〈知識〉(6点×2)
①（ きゅう急車 ）②（ パトカー ）

(4) 交通整理と、事この原いんを調べるようすを表しているのは図中の⑥～⑥のどれですか。記号でかきましょう。〈技能〉(5点×2)
交通整理をする〔 ⑥ 〕事この原いんを調べる〔 ⑥ 〕

学年末テスト
くらしのうつりかわり

1 次の絵を見て、あとの問いに答えましょう。 (5点×10)

(1) 昔の道具の名前を □ からえらんでかき、それが今どうなっているかは、図の記号をかきましょう。 (知識)

		昔	今
ごはんのほぞん	①	おひつ	⑨
ごはんをおくところ	②	はこぜん	①
りょう理をつくったり温める	③	いろり	①
明かり	④	ランプ	⑦

    おひつ　はこぜん　ランプ　いろり

(2) 今と昔で、食べている人は、どうちがいますか。 (思考)

昔はおじいさんや(おばあさん)たちといっしょに、今より(たくさん(多く))の人数で食べていた。

2 次の地図は、1970年に大阪万博が開かれた千里ニュータウンのまわりを表しています。あとの問いに答えましょう。 (10点×5)

⑦(1967)　　　　①(2001)

(1) 1929年ころは右のような乗り物が走っていました。この名前をかきましょう。 (知識)

(じょう気きかん車)

(2) ⑦の地図中の団地が広がっているのは、地図のどのあたりですか。東西南北で答えましょう。 (技能)

(西)がわ

(3) ①の地図から、わかることを書きましょう。 (技能)

交通→道路…(中国)自動車道が通っている

鉄道…(阪急)千里線、大阪(モノレール)が通っている

51

ごみ調べ

1 次の中で、ごみにあたるものには( )に○をつけましょう。

①(○)　②(○)　③( )　④(○)
やぶれたかさ　こわれたとうき　今、着ている服　こわれたそうじ機

2 次のごみは、どのように分けられますか。□ からえらんでかきましょう。

⑦(もえるごみ)	① (もえないごみ)	⑦ (大がたごみ)
紙くず 生ごみ	こわれたとうき ほうちょう	ソファ ふとん

しげんごみ

① (紙・衣類)	⑦ (びん・かん)	⑦ (プラスチック)
新聞 服 ダンボール	空きかん 空きびん	シャンプーなどのボトル トレイ

    大がたごみ　もえるごみ　もえないごみ
    びん・かん　プラスチック　紙・衣類

3 ごみステーションの図を見て、あとの問いに答えましょう。

(1) 生ごみや紙くずなどのごみは、いつ出しますか。

毎週(火 ・ 金)

(2) 毎週水曜日に出すごみは、どんなごみですか。

(もえない)ごみ

(3) ごみの出し方で、正しい文に○をつけましょう。

( )　いつどこに出してもよい。
(○)　もえる・もえない・しげんごみなどに分けて出す。
( )　決められた日の前の夜から出しておく。
(○)　決められた日の朝の9時までに出しておく。

4 次のグラフを見て、あとの問いに答えましょう。

(1) 家庭のごみの中で、多く出されているごみとその量を書きましょう。

(ふつう)ごみ

約[33]万t

(2) しげんごみの中で、何が一番多いですか。(ガラス)

家庭から出された1年間のごみの量
(2018年 大阪市役所資料)

53

ごみのゆくえ

1 せいそう工場の図を見て、あとの問いに答えましょう。

(1) 図の①～③にあてはまる言葉をかきましょう。

①(ごみピット)　②(焼きゃくろ)　③(中央せいぎょ室)

(2) ①～③の説明にあてはまる文をえらんで記号をかきましょう。

①〔 ① 〕　②〔 ⑦ 〕　③〔 ⑦ 〕

    ⑦ ごみをはいにするところ
    ① ごみを集めるところ
    ⑦ ごみがもえるのを管理しているところ

(3) ごみをもやしたときに出る熱やはいは、何に利用されていますか。

① ごみをもやしたときに出る熱…(電気)をつくる。
② もやしたはい………(セメント)などをつくる。

    セメント　ガス　電気

(4) プラットホームからすてられるごみは何ですか。( )に○をつけましょう。

(○)生ごみ　( )古新聞　( )こわれたテレビ

(5) もやした後にできたはいのほとんどは、トラックによってどこに運ばれますか。

((最終)しょ分場)
((うめたて場))

2 次のグラフを見て、あとの問いに答えましょう。

(1) 1998年と2018年のごみの量をかきましょう。

⑦ 1998年
(187.1)万t

① 2018年
(99.3)万t

(2) ( )にあてはまる言葉を、□ からえらんでかきましょう。

地いきのスーパーの入り口には、トレイや牛にゅうパックなどの(回しゅう)ボックスが置かれています。また、2020年度からプラスチックの使いすてをへらすために(レジぶくろ)にお金がいるようになり、お店の人は(エコバック)の利用をお客さんによびかけています。

    エコバック　回しゅう　レジぶくろ

54

しげんごみ

1 次の図を見て、あとの問いに答えましょう。

(1) 図の( )にあてはまる言葉を、□ からえらんで記号をかきましょう。

    ⑦アルミかん　①紙パック　⑦びん
    ①スチールかん　⑦ペットボトル

(2) しげんごみとリサイクルがつながるように線で結びましょう。

2 次のマークを見て、あとの問いに答えましょう。

(1) 次のマークは、何からできているかを( )にかきましょう。

① 　② 　③
(プラスチック)　(紙)　(ペットボトル)

    ペットボトル　プラスチック　紙

(2) 家庭で使われる電気せい品の中には、いらなくなったりこわれたりすると、店が回しゅうしメーカー(せいぞう元)がリサイクル(再利用)しなければならない決まりがあります。その電気せい品について、正しいものに○をつけましょう。

( )すいはん器　(○)冷ぞう庫
(○)エアコン　( )そうじ機

3 なぜ、ごみを出すときに分別しないといけないのでしょうか。( )にあてはまる言葉を、□ からえらんでかきましょう。

ごみの中には、もう一度(しげん)として使えるものがたくさんあります。ごみを(分別)して出すと、(リサイクル)工場で新たな品物に生まれ変わることができるからです。

    リサイクル　しげん　分別

55

ごみはどこへ
ごみ問題と取り組み

① 次のグラフを見て、あとの問いに答えましょう。

(1) 人口とごみの量は、どうなっていますか。
① ⑦ 一番人口が多い年　平成（30）年
　　④ ⑦のときのごみの量　（99）万t
② ゴミの量 ⑦ 一番人口が少ない年　平成（10）年
　　④ ⑦のときのごみの量　約（187）万t

(2) ①と②をくらべて気づいたことをかきましょう。
人口が（ふえた）が、ごみの量は（へった）。

(3) ごみをへらすための取り組みとして、正しいものに○をつけましょう。
（　）よく使うものは、ねだんの安いものを買うようにする。
（○）買い物に行くときは、エコバッグを使う。
（○）学校では、落ち葉をたいひにしている。
（　）古新聞は、もえるごみの回しゅう日に出す。
（○）印刷して失敗した紙は、うらも使う。

56

月　日　名前

ポイント ごみをへらす取り組み（4Rと3きり運動）を理解しましょう。

② ごみをへらす取り組みとして、「4R」があります。

(1) 次の①～④が表していることを（ ）にかきましょう。
① ごみそのものをへらすこと。　（リデュース）
② 物をすてずに、くり返し使うこと。　（リユース）
③ ごみをしげんに変えて、ふたたび使うこと。　（リサイクル）
④ いらないものはことわること。　（リフューズ）

[リユース　リサイクル　リデュース　リフューズ]

(2) 次のできごとは、(1)の①～④のどれと関係がありますか。（ ）に番号でかきましょう。
（①）商品のほうそうをなるべくかんたんにしてもらう。
（④）買い物に行ったとき、必要のないわりばしやスプーンはことわった。
（②）使わなくなったおもちゃを、いる人にゆずる。
（③）ペットボトルを決められた日と場所に出す。

③ 次は、家庭でできる「3きり運動」です。図を見て、どんなことかをかきましょう。

① 生ごみをすてるとき　（水きり）
② 残さず食べる　（食べきり）
③ 買ったものを残さない　（使いきり）

[食べきり　水きり　使いきり]

まとめテスト
ごみはどこへ(1)

① 次の図を見て、家から出たごみを表に分けてかきましょう。（6点×10）

もえるごみ	もえないごみ	大がたごみ
紙くず　生ごみ	けい光とう　とうき・かみそり	ソファ　ふとん

しげんごみ

紙類・衣類	びん・かん・ペットボトル	プラスチック
だんボール　新聞紙・紙くず	びんとかん	トレイ

57

月　日　名前　　/100点

② もえるごみは、せいそう工場に運ばれます。あとの問いに答えましょう。（5点×8）

[焼きゃくろ　中央せいぎょ室　えんとつ　クレーン　はい　機械室　ほこり、ガスなどを取りのぞく　ごみピット　リサイクル工場　プラットホーム　しょ分場]

(1) 図中の□にあてはまる言葉を、　　　からえらんでかきましょう。
[焼きゃくろ　ごみピット　中央せいぎょ室　しょ分場　プラットホーム]

(2) 次の説明にあたるところは、図中の⑦～⑰のどれですか。
（④）コンピュータを使って工場を管理するところ。
（⑰）焼きゃくされたはいをしょ分するところ。
（⑦）ごみを集めるところ。

まとめテスト
ごみはどこへ(2)

① 次の図と写真は、しげんごみとして集められたものが何に生まれ変わるかを表しています。図のA～Dにあてはまるものをア～エから1つずつえらんで、記号をかきましょう。（6点×4）

[あきびん　ペットボトル　かん（アルミ）　パック]

[カレット　ペレット　再生地金 インゴット（のべぼう）　パルパー]

A [ア]　B [ウ]　C [エ]　D [イ]

ア ガラスびん　　イ トイレットペーパー
ウ 服・再生ペットボトル　　エ アルミせい品

② 次のしげんごみが表しているマークを線で結びましょう。（6点×4）

①プラスチック　②ペットボトル　③だんボール　④紙

⑦　　④　　⑦　　④

58

月　日　名前　　/100点

③ ごみをへらすために、4Rという取り組みが進められています。それぞれ関係するものを線で結びましょう。（5点×8）

① リユース
② リサイクル
③ リデュース
④ リフューズ

⑦ いらないものはことわる。
④ 一度原料にして新しい製品をつくる。
⑦ ごみを少なくする。
④ 同じものを何度もくりかえし使う。

⑦ 買い物に行ったとき、必要のないわりばしはもらわない。
④ 新聞紙をしげんごみで出して、再生紙をつくる。
⑦ 着なくなった洋服を友だちにあげた。
④ 買い物をするときマイバックを使う。

④ なぜ、ごみを出すときに分別しないといけないのですか。次の言葉を使ってかきましょう。（リサイクル工場・分別・しげん）（12点）

（例）
　ごみの中には、しげんとして使えるものがあります。だから、ごみを分別して出すと、リサイクル工場で新たな品物として生まれ変わることができるから。

水はどこから
水の利用と水が送られてくる仕組み

① 次の図を昔から今とつながるように順番をかきましょう。

①　　②　　③
（2）（3）（1）

② 次の図を見て、家庭で使われている水の量をかきましょう。

[せんたく 20L 2L　台所　ふろ　手あらいなど　トイレ（1回分）]

東京都水道局　国土交通省水資源部調べ

① トイレ [12] L　② せんたく [110] L
③ 台所 [60] L　④ ふろ [200] L
⑤ 手あらいなど [12] L

①～⑤の合計 [394] L

月　日　名前

ポイント 家庭で使う水がどのようにして流れてきているかを理解しましょう。

③ 次の図は、家庭で使う水が、どのようにして流れてきているかを表しています。①～④にあてはまる言葉をかき、つながりのある文と線で結びましょう。

[取水口　川　（水道管）　学校　家庭　工場]

[配水池　水げんの森　じょう水場　ダム]

①｛ 水げんの森（緑のダム）｝
②｛ ダム ｝
③｛ じょう水場 ｝
④｛ 配水池 ｝

⑦ 水をきれいにして、飲んでも安全な水にするところ。
④ 家庭や学校などに水を送り出すところ。
⑦ ふった雨が土にしみこみ水をたくわえる。
④ 雨の量によって、川に流れ出す水量を調節する。

60

水はどこから
じょう水場・下水しょり場

① 次の図は、じょう水場のようすを表しています。あとの問いに答えましょう。

協力：大阪広域水道企業団

(1) ⑦〜①の名前をかきましょう。

⑦（ ちんさ池 ） ④（ かくはん池 ）
⑰（ ちんでん池 ） ①（ ろか池 ）

| ちんでん池　ろか池　かくはん池　ちんさ池 |

(2) ①〜④にあてはまる役わりを⑦〜①からえらんで、記号をかきましょう。

① (①) すなやじゃりのそうを通して、きれいな水にする。
② (④) 薬を入れて水をかきまぜる。
③ (⑦) すなや大きなごみをしずめる。
④ (⑰) 薬で小さなごみを固めてしずめる。

(3) きれいになった水を家庭、工場、学校などに送るのはどこですか。
(配水池)

61

ポイント 月　日　名前
じょう水場と下水しょり場の仕組みを理解しましょう。

② 次の図は、家庭や工場などで使われた水を、下水しょり場できれいにする仕組みを表しています。

出典：国土交通省下水道部

(1) 図の⑦〜①は、じょう水場のせつびと同じ働きをしています。それぞれの名前をかきましょう。

⑦ (ちんさ池) ④ 第1(ちんでん池)
⑰ 第2(ちんでん池) ① (ろか池)

(2) 「反のうタンク」では、何を使って水をきれいにしていますか。
(び生物)

(3) ④のどろは、どこに運ばれますか。 (おでいしょりしせつ)

③ 右のグラフから、家庭での水は何に一番多く使われていますか。
(ふろ)

家庭での水の使われ方

せんめん・その他 6%
せんたく 15%
ふろ 40%
すいじ 18%
トイレ 21%

東京都水道局 平成27年度
一般家庭水使用目的別実態調査

62

水はどこから
水の流れ

① 次の図は、水の流れを表しています。あとの問いに答えましょう。

(1) 次の①〜④にあてはまる言葉を図を見てかきましょう。

雨 → ①(水げんの森) → 川 → ②(ダム) → 川
↓
海 → ④(下水しょり場) ← 学校・家庭・工場 ← 配水池 ← ③(じょう水場)

(2) 次の文と関係する働きを上の①〜④からえらんで、( )に番号をかきましょう。

(①) ふった雨を地下水としてたくわえる。
(③) 川の水を取り入れて、飲める水にする。
(②) 雨の量によって、川の水の量を調節する。
(④) 家庭や工場で使われた水をきれいにする。

62

ポイント 月　日　名前
水の流れを理解するとともに、森林の大切さを学びましょう。

② 次の図をくらべて、あとの問いに答えましょう。

森林があるところ　　森林がないところ

| 地下水 |　| スポンジ |
のように水をふくむ

川 | 短い時間 | でとつぜんあふれる

「国土交通省資料」より作成

(1) 図中の | | にあてはまる言葉を、 | | からえらんで書きましょう。

| 短い時間　地下水　スポンジ |

(2) なぜ、森林は、「緑のダム」といわれているのですか。( )にあてはまる言葉をかきましょう。

森林は、(雨水)をたくわえ、(こう水)をふせぐはたらきがあります。
また、(木の根)が土やすなをおさえこみ、(土しゃくずれ)をふせぐはたらきもあるからです。

| 土しゃくずれ　こう水　木の根　雨水 |

水はどこから
水の管理と節水

① 写真の説明について、正しいものを線で結びましょう。

じょう水場では、安心して使える水かどうかをくわしく調べている。

じょう水場では、取水から給水までをコンピューターを使って、24時間かんししている。

水道局の人が、地下にある水道管の水もれがないか調べている。

©札幌市水道局

©大阪広域水道企業団

©大阪広域水道企業団

② 下水しょり場について、( )にあてはまる言葉を、 | | からえらんでかきましょう。

下水しょり場できれいになった水は、大部分を⑦(川)や⑦(海)に流しますが、一部の工場やビルでは⑦(トイレの水)などに再利用しているところもあります。

| トイレの水　川　海 |

①・②順不同

63

ポイント 月　日　名前
かぎられた水をいかに大切にするかを理解しましょう。

③ 次のグラフを見て、あとの問いに答えましょう。

(1) 毎日使う水の中で、一番多く使っているのは、何ですか。 (ふろ)

家庭で使う水の使われ方
せんめん・その他 6%
せんたく 15%
ふろ 40%
すいじ 18%
トイレ 21%

東京都水道局 平成27年度
一般家庭水使用目的別実態調査

(2) 次の①〜⑤は、グラフの⑦〜⑦のどこで行うとよいですか。( )に記号をかきましょう。

① (④) 大と小のレバーを使い分ける。
② (⑦) 残った湯をせんたくするときに使う。
③ (①) 回数をへらすためにまとめてあらう。
④ (⑦) 米のとぎじるは、植物の水やりに使う。
⑤ (⑦) 必要な量だけコップなどに入れて使う。

(3) (2)の①〜⑤を、「節水」と「水の再利用」に分けましょう。

節水 〔 ① 〕〔 ③ 〕〔 ⑤ 〕
水の再利用 〔 ② 〕〔 ④ 〕

④ 水をよごさないことも、水を大切にすることになります。( )にあてはまる言葉をかきましょう。

① 食べ物のくずなどは、(くず取りネット)に入れる。
② 使えなくなった油は、(新聞紙)などにすわせる。
③ あらうときに、(せんざい)の量をへらす。

| 新聞紙　せんざい　くず取りネット |

まとめテスト
水はどこから(1)

① 次の図を見て、あとの問いに答えましょう。

A水げんの森

協力：大阪広域水道企業団

(1) 図のAは、何のダムといわれていますか。 (5点) (緑のダム)

(2) 次のしせつにあてはまるものを、図中の⑦〜①からえらび、そのしせつを説明した文を線で結びましょう。(6点×10)

配水池 〔 ⑦ 〕 ── 小さなごみを薬で固めてしずめる。
ちんでん池 〔 ⑦ 〕 ── すなどなどのそうを通してきれいな水にする。
取水口 〔 ⑦ 〕 ── 川の水を取り入れる。
ちんさ池 〔 ④ 〕 ── きれいな水をためて、家庭などに送り出す。
ろか池 〔 ① 〕 ── すなや大きなごみをしずめる。

64

月　日　名前 /100点

② ある市の給水量と人口の変化のグラフを見て、あとの問いに答えましょう。 (5点×7)

給水量の変化
人口の変化
大阪市水道局調べ
国勢調査

(1) この市の1960年と2018年の給水量と人口を書きましょう。

	給水量	人口
1960年	(426)百万㎥	(301)万人
2018年	(406)百万㎥	(270)万人

(2) 次の①②の理由を、 | | からえらんでかきましょう。

① 1980年まで給水量がふえている理由

(人口)はへっているが、1960年ごろには使っていなかったせんたく機や(水せんトイレ)が使われるようになったから。

② 2000年から給水量がへった理由

(節水)の大切さがわかってきたことと、水を多く使わない電気せい品などがふえてきたから。

| 節水　水せんトイレ　人口 |

64

水はどこから(2)

1 次の図を見て、あとの問いに答えましょう。

(1) じょう水場からのきれいな水は、下水管か水道管のどちらの管で家庭までとどけられますか。(5点)

(水道管)

(2) 次の①～⑤の役わりをはたすところはどこですか。(5点×5)

① 川から取り入れた水をきれいにする。　(じょう水場)

② 使われた水をきれいにして流す。　(下水しょり場)

③ きれいになった水をためておく。　(配水池)

④ 山にふった雨をためておく。　(水げんの森)

⑤ 川の水をたくわえる。　(ダム)

(3) (2)の①～⑤を水が運ばれる順に番号をかきましょう。(完答15点)

〔 ④ 〕→〔 ⑤ 〕→〔 ① 〕→〔 ③ 〕→〔 ② 〕

(4) じょう水場と下水しょり場で出たどろは、何に再利用されていますか。 からえらんでかきましょう。(5点×2)

⑦ じょう水場 …(植物)を育てるための土

⑦ 下水しょり場 …(セメント)の原料

セメント　うめ立て場　植物

---

2 次の図を見て、あとの問いに答えましょう。(5点×9)

(1) 水を大切に使うためのくふうを、図を見てかきましょう。

⑦
水を(出しっぱなし)であらわない。

⑦
ふろの(残り湯)を使う。

⑦
(バケツ)にくんだ水であらう。

バケツ　出しっぱなし　残り湯

(2) 下水道を大切にするために、流さないものをかきましょう。

① トイレ…(トイレットペーパー)以外の紙。

② 台所…(食用油)　③ ふろ…(かみの毛)

食用油　かみの毛　トイレットペーパー

(3) 札幌市の水道局では、右の写真のように、毎日水げんパトロールを行っています。( )にあてはまる言葉をかきましょう。

川の(¹ 上流)にあるダムからじょう水場にとどくまで、(² 川)の水のにおいや、にごりなどがないかなど水げんの(³ 見守り)を行っています。

川　見守り　上流

ポイント
自然災害の種類とそれらから人びとを守る方法を学びましょう。

2 次のことがらは、自然災害から人びとを守るためのものです。名前を からえらび、関係のあるものを線で結びましょう。

①
(ぼうちょうてい)
—
大雨のとき、雨水をためるために地下につくったトンネル。

②
(地下調整池)
—
津波の起きやすいところに建てられた、住民がひなんするための場所。

③
(ひなんタワー)
—
台風などの大波や高潮のひ害を少なくするもの。

④
(ハザードマップ)
—
災害が起きそうなところを地図上で表したもの。

ハザードマップ　ひなんタワー　ぼうちょうてい　地下調整池

自然災害から人びとを守る
自然災害の種類

1 次の地図を見て、あとの問いに答えましょう。

(1) ①～③の災害を からえらんでかきましょう。

① (つ波)

② (風水害)

③ (雪害)

雪害　つ波　風水害

(2) 次の災害にあたる言葉をかきましょう。

① 日本のどこで起きてもふしぎではないが、特に1995年の阪神・淡路と、2011年の東日本で起きた災害。(地しん)

② 1990年雲仙普賢岳、2014年御嶽山では、とつぜんばく発して火山ばいやガスなどがふき出した。(火山のふん火)

③ 夏から秋にかけて日本をおそい、大雨でこう水や土砂くずれを起こす。(台風)

台風　地しん　火山のふん火

(3) (1)の①～③の災害の中で、気候に関係するものすべてを番号でかきましょう。(② ・ ③)

自然災害から人びとを守る
自然災害にそなえる

1 自然災害にそなえた取り組みです。 と( )にあてはまる言葉を、 からえらんでかきましょう。

Ⓐ 公助
市役所、消防、警察、自衛隊などによる助け

① 電気などの(ライフライン)
② (ハザードマップ)の作成
③ 人命 救助

ライフラインは、上下水道やガス、電気、通信、輸送など人びとの生活をささえるものよ。

Ⓑ 共助
(近所や地いきの人たちと助け合う)

① 救出調練
② (ひなん)場所にいっしょに行く
③ (ぼうさい)倉庫の点けん

Ⓒ 自助
(自分の命は、自分で守る)

① (食料品)・飲料水などをそなえる
② 家具などがたおれないようにする
③ (家族)で安全をたしかめる

Ⓐ～Ⓒ
公助　自助　共助

①～③
ひなん　家族　ハザードマップ ぼうさい　食料品　ライフライン

ポイント
地震のこわさを知るとともに、それにそなえた取り組みを理解しましょう。

自然災害から人びとを守る
地震にそなえる

1 次の写真について、あとの問いに答えましょう。

(1) ⑦・⑦の災害の名前を、 からえらんでかきましょう。

⑦
⑦の写真は、1995年1月17日に兵庫県南部で起きた地震によりたおれた建物を表しています。(阪神・淡路大しんさい)

⑦
⑦の写真は、2011年3月11日に東北地方を中心に起きた地震により、起きたひ害の様子を表しています。(東日本大しんさい)

東日本大しんさい　阪神・淡路大しんさい

(2) ⑦により起きた災害を、次の からえらびましょう。

たつまき　大雨　大雪　つ波
(つ波)

2 次の写真は、地震が起こったときに、ひ害を少なくするための取り組みです。 からえらんで記号をかきましょう。

〔 ⑦ 〕　〔 ⑦ 〕　〔 ⑦ 〕

⑦ たい震工事がされた建物　⑦ 防災訓練 ⑦ ひなん場所をしめすかん板

---

3 次の図は、地震から住民を守る仕組みです。あとの問いに答えましょう。

(1) 図の⑦～⑦にあてはまる言葉を、 からえらんでかきましょう。

気象ちょう　自えい隊　都道府県

(2) 市町村は、地震のじょうほうをどのようにして住民に伝えていますか。2つかきましょう。

(ぼうさい無線)(ぼうさいメール)
ラジオ　SNS　どれか2つ

(3) 市や町がつくっている、地震などの災害が起きたときに、どのように対おうするかをまとめた計画を、何といいますか。(ぼうさい計画)

(4) 災害にそなえて、毛布やトイレなど必要なものが保管されているところを何といいますか。(ぼうさい倉庫)

---

2 自然災害にそなえて、リュックサックに入れておくとよい物を図を見てかきましょう。

⑦ (ラジオ)　⑦ (飲料水(水))

⑦ (薬)　⑦ (トイレットペーパー)

⑦ (かん電池)　⑦ (雨具)

⑦ (軍手)　⑦ (ひじょう食)

⑦ (タオル)　⑦ (お金(現金))

自然災害から人びとを守る
水害・雪害・ふん火にそなえる

① 次の文は、日本で水害が多い理由をかいています。（　）にあてはまる言葉をかきましょう。

日本の川は、海までのきょりが（① 短く　）、流れも（② 急　）なので、雨が一度に多くふると水害が起きやすくなります。山地では（③ 土しゃ　）災害が起こります。最近は（④ 台風　）や集中ごう雨での災害が多くなっています。

土しゃ　台風　急　短く

② 次の図は、水害を防ぐための取り組みです。それぞれ答えましょう。

① 森林

（ 植林 ）

② 都市（町）

（ 地下調整池 ）

③ 川

（ ていぼう ）

地下調整池　ていぼう　植林

③ 人びとが水害から身を守るために、していることをかきましょう。

① 〔 気象ちょう 〕が出す情報…台風の進路などに気をつける。

② 〔 ぼうさい無線 〕…地いきに流れるきん急の情報を聞く。

③ 〔 ハザードマップ 〕…水害になりそうな地いきを地図で知る。

ハザードマップ　ぼうさい無線　気象ちょう

ポイント
水害・雪害・火山ふん火に対する取り組みを知りましょう。

④ 次の問いに答えましょう。

(1) 雪害が多い地いきに〇をつけましょう。
（　太平洋側　・　日本海側〇　）

(2) 雪害に対して、次の①～③のうち、市役所が行っている取り組みには⑦、地いきで行っている取り組みには⑦をかきましょう。

① お年よりの家の雪かきを手伝ってもらう。（ ④ ）
② 防災メールを出して、大雪への注意をよびかける。（ ⑦ ）
③ 広報誌で、集めた雪を置く場所がどこにあるかを伝える。（ ⑦ ）

(3) 御嶽山は、2014年のふん火で、登山をしていてなくなったりした人が60人以上になりました。

1 御嶽山は、どこにありますか。
（ 長野 ）県・（ 岐阜 ）県
※順不同

2 御嶽山のふもとの村がした対さくをかきましょう。

① 「ふん火」対さく…
（ 火山ぼうさいマップ ）の作成。

② 「ふん石」対さく…山小屋をほ強し、（ ヘルメット ）やかい中電灯などをそなえる。

③ 「登山者」対さく…
（ 登山計画書 ）を出す。

ヘルメット　登山計画書　火山ぼうさいマップ

70

まとめテスト
自然災害から人びとを守る(1)

① 次の地図と関係する災害と、写真をえらんで記号をかきましょう。
（6点×10）

	名前	写真
①	エ	い
②	④	え
③	⑦	あ
④	オ	う
⑤	⑦	お

⑦雪害　④地しん　⑦火山のふん火　⑦つ波　②風水害

©気象庁　©名取市図書館　©伊月市役所

71

月　日　名前　／100点

② 次の図は、災害のときにひなんするための標しきです。あとの問いに答えましょう。
（5点×4）

(1) 災害のために、自分の家にもどることができない人が、ある期間、ひなん生活をする所を表している図は、⑦と④のどちらですか。
（ ④ ）

(2) (1)の図では、どの災害のときにひなんできますか。正しいものに〇をつけましょう。
（ 〇 ）地震　（　）雪害　（　）土砂災害

③ 次の表示は、何のためでしょうか。（　）にあてはまる言葉や数字をかきましょう。
（5点×4）

海抜 6m
Above Sea Level

① この土地は、海から（ 6 ）mの高さです。次のときのひなんの目安にします。
⑦ 台風のときの（ 高しお ）や、地震などで起こる（ つ波 ）のとき。
④ 集中ごう雨などの（ こう水 ）のとき。

つ波　こう水　高しお

まとめテスト
自然災害から人びとを守る(2)

① 次のグラフは、阪神・淡路大震災を経験した人たちのアンケート結果です。あとの問いに答えましょう。
（5点×5）

家族・親せき8%　消ぼうの人14%　自えい隊14%　近所の人64%

(1) 自助と共助で助かった方は、合わせて何％ですか。
・自助（ 8 ）％
・共助（ 64 ）％
合わせて（ 72 ）％

(2) 公助では、どんな人たちに助けてもらいましたか。
（ 消ぼう ）
（ 自えい隊 ）

② 次のポスターを見て、あとの問いに答えましょう。

11.5 世界津波の日

(1) 村人を何から救うために、どうしましたか。（10点）

（例）
つ波から救うために、いなむらに火をつけた。

1854年11月5日の「安政南海地震」のとき、稲むらに火をつけて村人を津波から救ったことから、2015年に世界共通の記念日になりました。

(2) この日（11月5日）は、何の日ですか。（5点）
（ 世界つ波の日 ）

72

月　日　名前　／100点

③ ことわざで、「そなえあればうれいなし」というのがあるように、じゅんびしておくことは大事です。次のことがらは、何にそなえてのことですか。関係するものを線で結びましょう。（5点×4）

① ひなんタワー　●　　　●⑦ 土砂くずれをふせぐ
② 防災訓練　●　　　●④ 災害の起きそうな場所
③ 砂防ダム　●　　　●⑦ 津波のひなん場所
④ ハザードマップ　●　　　●④ 災害が起きたときの行動

④ 次の地図は、自然災害のひ害をへらすためのものです。
（5点×2）

(1) この地図のことを何といいますか。
（ ハザードマップ ）

(2) AとBの地点で、津波がおそってきたときに、どの地点にいるのがいいですか。
（ B ）

⑤ 次の図を見て、必要な防災グッズをかきましょう。
（5点×6）

ラジオ	かい中電灯	飲料水（水）
ひじょう食	雨具	トイレットペーパー

地いきを切り開く・守る
通潤橋

① 次の断面図と図を見て、あとの問いに答えましょう。

(1) 白糸台地は、どんな土地だと思いますか。（　）にあてはまる言葉を、　　からえらんでかきましょう。

① 近くに（ 川 ）がある。
② 台地になっているから、（ 水不足 ）が考えられる。
③ （ 米づくり ）にてきない。

米づくり　水不足　川

(2) 谷と同じ高さの橋をつくるじゅつがないときに、水を引くために布田保之助が思いついたことを、　　からえらんでかきましょう。

水は、ふつう高いところから（ 低い ）ところに流れます。そこで、川よりも（ 高い ）台地に水を流すために、水が（ 落ちる ）力を利用して（ 台地 ）に水を引くようにした。

高い　台地　低い　落ちる

水がふき上がる原理

74

ポイント
用水路づくりの大変さと、それを成しとげるための努力を知りましょう。

(3) (2)の考えの問題点を次のように改良しました。（　）にあてはまる言葉をかきましょう。

・落ちる水のいきおいが強いので、（① 木 ）の管を、（② 石 ）の管にする。
・（③ すきま ）から水がもれないように、石と石をつなぐ特別な（④ しっくい ）をつくった。

すきま　石　しっくい　木

(4) 次の図は、じょうぶな橋にするために石工たちの考えたことです。つくられる順に番号をかきましょう。

土台となる石の上に、さらに石を積み上げる。（ 3 ）
最後に、下から支えていた木のわくをはずす。（ 4 ）
石の橋のせるための木のわくを組み立てる。（ 1 ）
木のわくの上に、土台となる石を積み上げる。（ 2 ）

(5) 次のグラフを見て、あとの問いに答えましょう。

〈通潤橋ができる前後の田の広さ〉

① 1826年と1882年の田の広さ
⑦ 1826年　約（ 40 ）ha
④ 1882年　約（ 130 ）ha
※140でも可

② 1882年は、約何倍くらいになりましたか。約（ 3 ）倍

地いきを切り開く・守る　那須疏水

① 次の図は、栃木県那須野が原（台地）の土地のようすを表しています。あとの問いに答えましょう。

(1) この台地を流れている川の名前を、ひらがなでかきましょう。
　⑦（　なか　）川　④（　くま　）川
　⑨（　さび　）川　④（　ほうき　）川

(2) (1)の中で、次の写真のように川の水が流れていない川（地図上では点線）の記号をかきましょう。
（　④　）（　⑨　）

(3) この台地は、何に利用されていますか。
（　田　）（　畑　）
※順不同

75

ポイント あれ地に用水路をつくるための苦労と、むずかしさを知りましょう。

(4) なぜ、この台地に(3)がつくられるようになったのでしょうか。
　⑦川に（　取水口　）をつくり、そこから②（　用水路　）を引いて、と中、③（　川の底　）に②を通すことで、台地全体に④（　水　）を流れるようにしたからです。

　水　取水口　川の底　用水路

(5) 那須疏水（用水）のむずかしいところは、疏水の水が川の底を通って流れ出るようにすること（ふせこし）でした。その工事方法の順に番号をかきましょう。

ふせこし

木わくを下じきにし、切り石を積み上げる。
（　2　）

川原の石をもとにうめもどす。
（　3　）

川底をななめにほる。はば・深さは5～6m。
（　1　）

② ①(5)の工事に使われた道具の中で、土をほり出す道具の番号をかきましょう。
（　3　）

土やすなをかきよせる道具
① じょれん　② てんびん　③ くわ　④ もっこ

76

稲むらの火

地いきを切り開く・守る

① 次のポスターを見て、あとの問いに答えましょう。

安政南海地震が起きた日が、「稲むらの火」の話にちなんで、「世界津波の日」として世界共通の記念日になった。

(1) 11月5日は、何の日ですか。
（　世界つ波の日　）

(2) (1)は、何の話にちなんで決められましたか。
（　いなむらの火　）

(3) (2)について、次の（　）にあてはまる言葉をかきましょう。

安政南海地震（1854年）が起こった後、潮が引き、広い砂底や岩底があらわれました。（　つ波　）がおそってくるにちがいないと思った浜口梧陵は、（　村人　）に知らせるために自分の畑に積んであった（　いなむら　）に火をつけました。火に気づいた村人は、それを消そうと（　高台　）にかけつけました。
その後、①が村をのみこんで、村はすべてなくなってしまいました。

村人　高台　いなむら　つ波

76

ポイント 津波から人々を守るための取り組みから、人々の知えも学びましょう。

② 次の図を見て、あとの問いに答えましょう。

ていぼう断面図

広村ていぼう

(1) 浜口梧陵は、地震の後にふたたび村が津波におそわれないように何をつくりましたか。
広村（　ていぼう　）

(2) 次の問いに答えましょう。
① 広村ていぼうの高さは、何mですか。（　5　）m
② 昔の石のていぼうとの間に植えた高い木は何ですか。
（　黒まつ　）
③ 何のために黒まつを植えたのですか。（　）にあてはまる言葉をかきましょう。

（　塩気　）に強い黒まつは、（　津波　）と、（　風　）をふせぐだけでなく、（　漁船　）が村に流れこんでくるのもふせぐため。
②・③順不同

漁船　つ波　塩気　風

地いきを切り開く・守る(1)

① 次の地図を見て、あとの問いに答えましょう。　（6点×9）

(1) ①～③が行われたところをえらびましょう。
① 那須疏水（栃木県）（　⑨　）
② 広村ていぼう（和歌山県）（　⑦　）
③ 通潤橋（熊本県）（　④　）

(2) ①～③と関係する説明を線で結びましょう。
①　　　⑦ 深い谷にはさまれていた台地につくった。
②　　　④ あれた原野を切り開いてつくった。
③　　　⑨ 地震のあとの津波にそなえてつくった。

(3) ①～③と関係する図をえらんで記号をかきましょう。
① 那須疏水　② 広村ていぼう　③ 通潤橋
（　⑨　）　　　（　④　）　　　（　⑦　）

77

---

② 次の断面図は、①(1)の①～③のどれと関係していますか。（5点×2）

（　③　）　　　（　①　）

③ 次の図は、高いところに水を送るくふうを表しています。（　）にあてはまる言葉をかきましょう。　（6点×6）

(1) この図が関係しているのは①那須疏水、②広村ていぼう、③通潤橋のどれですか。（　③　）

(2) 問題点
谷と台地に（　同じ　）高さの橋をつくるぎじゅつがなかったこと。

(3) くふう
台地よりも①（　低い　）土地を流れている川の水を（　台地　）に流すために、水が（　落ちる　）力を利用して橋より（　高い　）台地に水をふき上げた。

高い　台地　低い　落ちる

地いきを切り開く・守る(2)

● あとの問いに答えましょう。

(1) 次の人物と関係する図を線で結びましょう。　（8点×3）
⑦ 浜口梧陵　　④ 布田保之助　　⑨ 印南、矢板
　　　　　⑦　　　　④　　　　⑨

(2) 次の図は、広村ていぼうを表しています。(1)の⑦～⑨のだれと関係していますか。　（8点）
（　⑦　）

(3) このていぼうの強さのひみつをかきましょう。　（16点）
（高さ・つ波・植林・漁船）

（例）　つ波の高さに負けないように、塩気に強い黒まつを植林して、つ波だけでなく漁船が村に入ってくることもふせぐことができること。

---

(4) 次の道具は、どんなときに使われますか。関係するものの記号をかきましょう。　（8点×4）

①（じょれん）　②（もっこ）　③（くわ）　④（てんびん）
（　⑤　）　　（　①　）　　（　⑤　）　　（　⑤　）

⑤ 水おけを運ぶ　　④ 土・石を運ぶ
⑤ 土やすななどをかき集める　　⑤ 土をほり出す

(5) 次の図の工事の工夫をかきましょう。　（10点×2）

①

（例）用水路が、川の底を通れるトンネルをつくったこと。

②

（例）高い台地に水を引くために、水が落ちる力を利用した。そのためにじょうぶな石の管をつくったこと。

78

くらしと電気

1 次のグラフは、1950年～2016年までの発電方法を表しています。あとの問いに答えましょう。

日本の総発電量のわりあい

（1）左のグラフを見ながら（ ）にあてはまる言葉を、 からえらんでかきましょう。

1950年代までは（ 水力 ）発電が中心でした。1960年からは（ 火力 ）発電がふえています。1980年からは（ 原子力 ）発電もふえ始め、2010年には総発電りょうの約（ $\frac{1}{4}$ ）をしめるようになりました。

しかし、2011年の（ 東日本大しんさい ）から風力や太陽光、地熱などの（ さい生かのうエネルギー ）を使った発電のわりあいが多くなっています。

火力　さい生かのうエネルギー　水力　東日本大しんさい　原子力　$\frac{1}{4}$

（2）原油、石炭、天然ガスなどをもやした熱を利用する発電の方法は何ですか。上のグラフからえらんでかきましょう。
（ 火力発電 ）

（3）大気中に二酸化炭素がふえすぎることが原いんで、気温が高くなることを何といいますか。次の からえらんでかきましょう。
（ 地球温だん化 ）

地盤沈下　愚しゅう　地球温だん化

ポイント 発電の種類とこれからの発電はどうしたらいいかを考えましょう。

2 次の①～③は、発電の仕方を説明しています。関係するものを線で結びましょう。

① ウランをねん料として、少ないねん料で多くの電気をつくる。ねん料やはいき物のあつかいがむずかしく、事こが起こると大きなひ害が出る。

② 風の力で風車を回して発電する方法。二酸化炭素を出さないが、発電量が少ないことや電力を安定してえるのがむずかしいなどの問題がある。

③ 太陽の光を電気エネルギーにかえる太陽電池を使った発電。夜間の発電はできないが、昼間使い切れずにあまった電気は電力会社に売ることができる。

©青山高原ウインドファーム

県名と県庁所在地名がちがう県

1 次の①～⑱は、県名と県庁所在地名がちがうところです。それぞれ色をぬって、右の表を完成させましょう。

＊…県庁所在地の場所

月　日　名前

ポイント 県名と県庁所在地名がちがうところはどこか、白地図に色をぬって確かめ、覚えましょう。

2 道・県名と県庁所在地名をかきましょう。

〈北海道・東北地方〉

番号	道・県名	県庁所在地名	番号	県名	県庁所在地名
①	北海道	札幌 市	②	岩手 県	盛岡 市
③	宮城 県	仙台 市			

〈関東・中部地方〉

番号	県名	県庁所在地名	番号	県名	県庁所在地名
④	茨城 県	水戸 市	⑤	栃木 県	宇都宮 市
⑥	群馬 県	前橋 市	⑦	埼玉 県	さいたま 市
⑧	神奈川 県	横浜 市	⑨	山梨 県	甲府 市
⑩	石川 県	金沢 市	⑪	愛知 県	名古屋 市

〈近畿・中国・四国・九州地方〉

番号	県名	県庁所在地名	番号	県名	県庁所在地名
⑫	三重 県	津 市	⑬	滋賀 県	大津 市
⑭	兵庫 県	神戸 市	⑮	香川 県	高松 市
⑯	愛媛 県	松山 市	⑰	島根 県	松江 市
⑱	沖縄 県	那覇 市			

日本の都道府県

1 A～Hそれぞれの地方の色で県をぬりましょう。

（水色）A 北海道 地方

（茶色）D 中部 地方
（緑色）B 東北 地方
（黄緑色）F 中国 地方
（黄色）C 関東 地方
（むらさき色）E 近畿 地方
（ピンク色）G 四国 地方
（赤色）H 九州 地方
（赤色）H 九州 地方

月　日　名前

ポイント 日本の都道府県名を、自分の興味のあるところから覚えていきましょう。

2 ①～㊼の都道府県名をかきましょう。

A	① 北海道		E	㉓ 三重 県	㉕ 滋賀 県
				㉖ 京都府	㉗ 大阪府
B	② 青森 県	③ 岩手 県		㉘ 兵庫 県	㉙ 奈良 県
	④ 宮城 県	⑤ 秋田 県		㉚ 和歌山 県	
	⑥ 山形 県	⑦ 福島 県	F	㉛ 鳥取 県	㉜ 島根 県
C	⑧ 茨城 県	⑨ 栃木 県		㉝ 岡山 県	㉞ 広島 県
	⑩ 群馬 県	⑪ 埼玉 県		㉟ 山口 県	
	⑫ 千葉 県	⑬ 東京都	G	㊱ 徳島 県	㊲ 香川 県
	⑭ 神奈川 県			㊳ 愛媛 県	㊴ 高知 県
D	⑮ 新潟 県	⑯ 富山 県	H	㊺ 福岡 県	㊶ 佐賀 県
	⑰ 石川 県	⑱ 福井 県		㊸ 長崎 県	㊹ 熊本 県
	⑲ 山梨 県	⑳ 長野 県		㊺ 大分 県	㊻ 宮崎 県
	㉑ 岐阜 県	㉒ 静岡 県		㊼ 鹿児島 県	㊽ 沖縄 県
	㉓ 愛知 県				

日本の祭りと都道府県

1 次の日本地図の祭りが行われている都道府県名をかきましょう。
（ [ ] には県名が入るのでかいていません）

①さっぽろ雪まつり
②ねぶた祭
③盛岡さんさ踊り
④仙台七夕まつり
⑤秋田竿灯まつり
⑥[ ]花笠まつり
⑦越中おわら風の盆
⑧秩父夜祭
⑨高山祭
⑩三社祭
⑪御柱祭
⑫葵祭　祇園祭　時代祭（紙園祭）（5月）（7月）（10月）
⑬はだか祭
⑭東大寺お水取り
⑮岸和田だんじり祭
⑯都をどり
⑰博多どんたく港まつり
⑱唐津くんち
⑲火の国まつり
⑳よさこい祭り
㉑阿波踊り
㉒[ ]くんち
㉓長崎くんち
㉔全島エイサーまつり

月　日　名前

ポイント 知っているまつりの行われているところから都道府県を覚えましょう。

［北海道・東北地方］

① 北海道	② 青森県	③ 岩手県
④ 宮城県	⑤ 秋田県	⑥ 山形県

［関東・中部地方］

⑦ 東京都	⑧ 埼玉県	⑨ 長野県
⑩ 静岡県	⑪ 岐阜県	⑫ 富山県

［近畿地方］

⑬ 滋賀県	⑭ 奈良県	⑮ 和歌山県
⑯ 大阪府	⑰ 京都府	

［中国・四国・九州地方］

⑱ 岡山県	⑲ 徳島県	⑳ 高知県
㉑ 福岡県	㉒ 佐賀県	㉓ 長崎県
㉔ 熊本県	㉕ 沖縄県	

新幹線と都道府県

新幹線に乗って、日本列島を北から南へ旅行します。それぞれの新幹線が通る都道府県名をかきましょう。
〔※（　）は都道府県庁所在地〕

2022年開業予定 / 2030年開業予定 / 2022年開業予定 / 2027年リニア新幹線開業予定 / 2022年開業予定

Ⓐ 北海道・東北新幹線

① 北海道 →	② 青森県 →	③ 岩手県 →
（札幌）	（青森）	（盛岡）
④ 宮城県 →	⑤ 福島県 →	⑥ 栃木県 →
（仙台）		（宇都宮）
⑦ 茨城県 →	⑧ 埼玉県 →	⑨ 東京都
（水戸）※通過だけ	（さいたま）	

Ⓑ 東海道新幹線

⑩ 東京都 →	⑪ 神奈川県 →	⑫ 静岡県 →
	（横浜）	
⑬ 愛知県 →	⑭ 岐阜県 →	⑮ 滋賀県 →
（名古屋）		（大津）
⑯ 京都府 →	⑰ 大阪府	

Ⓒ 山陽新幹線

⑯ 大阪府 →	⑰ 兵庫県 →	⑱ 岡山県 →
	（神戸）	
⑲ 広島県 →	⑳ 山口県 →	㉑ 福岡県

Ⓓ 九州新幹線

㉑ 福岡県 →	㉒ 佐賀県 →	㉓ 福岡県 →
㉓ 熊本県 →	㉔ 鹿児島県	

都道府県を調べよう！(1)

次の問いに答えた都道府県をぬりましょう。

1 次のシルエットの都道府県名をかきましょう。
（同じわりあいでちぢめていません。）

(1)

①	②	③
（金魚）	（クワガタムシの角）	（ゴジラ）
静岡県	愛知県	新潟県

愛知県　新潟県　静岡県

(2)

①	②	③
（人の横顔）	（犬のおすわり）	（つるがとぶ）
山形県	茨城県	群馬県

群馬県　山形県　茨城県

2 次のクイズにチャレンジして、都道府県名を書きましょう。

① 1000	②	③ ￥
千葉県	滋賀県	大阪府

3 ①〜⑥の「県名しりとり」をして、漢字もかきましょう。

① ナガサキ →	② キョウト →	③ トチギ
長崎	京都	栃木

④ → ギフ →	⑤ フクシマ
岐阜	福島

都道府県を調べよう！(2)

1 次の県名を漢字でかいて、地図中の番号を◯にかきましょう。

(1) 県名がひらがな2文字と3文字の県をかきましょう。

⑦ 岐阜 ④	④ 三重 ⑥	⑦ 滋賀 ⑤
① 岩手 ①	② 長野 ③	② 愛媛 ⑧

(2) 漢字しりとりをしましょう。

⑦ 福岡 ⑨ →	① 岡山 ⑦ →	⑦ 山梨 ②

2 次の漢字の集まりの中から県をさがして、□で囲み、（　）に県名を漢字でかきましょう。

① 奈奈奈奈奈奈奈 / 奈奈奈奈神奈川奈 … （神奈川県）（奈良県）
② 宮宮宮宮宮宮宮 … （宮崎県）（宮城県）

3 次の絵は何県ですか。漢字でかきましょう。

① 馬馬馬馬	② ひょうひょうひょう	③
（群馬県）	（兵庫県）	（富山県）

4 次のシルエットは何県ですか。漢字でかきましょう。（同じわりあいでちぢめていません。）

①	②	③
（青森県）	（鹿児島県）	（香川県）

地図の見方

しゅくしゃく(1)

1 次の（　）にあてはまる言葉をかきましょう。

地図では、実さいの（ きょり ）でのせることはできません。そこで、実さいのきょりを（ ちぢめて ）表します。それが、どのくらい②いるかを表したものを（ しゅくしゃく ）といいます。③を使うと、地図から実さいのきょりを求めることができます。

しゅくしゃく　ちぢめて　きょり

2 5万分の1の地図を使って、実さいのきょりを求めましょう。

1：50000
1/50000

(1) 駅から市役所まで
⑦ 地図上　　　　長さ〔 1 〕cm
④ 実さい（単位をそろえる）
〔⑦ 1 〕cm×〔 50000 〕=〔 50000 〕cm
=〔 500 〕m
=〔 0.5 〕km

しゅくしゃくの表し方と実さいのきょりを求めることができるようになりましょう。

(2) 駅から学校まで
⑦ 地図上　　　　長さ〔 2 〕cm
④ 実さい（単位をそろえる）
〔⑦ 2 〕cm×〔 50000 〕=〔 100000 〕cm
=〔 1000 〕m
=〔 1 〕km

(3) ゆうびん局からけいさつしょまで
⑦ 地図上　　　　長さ〔 4 〕cm
④ 実さい（単位をそろえる）
〔⑦ 4 〕cm×〔 50000 〕=〔 200000 〕cm
=〔 2000 〕m
=〔 2 〕km

3 しゅくしゃくの表し方には、次のようなものがあります。

(1) 読み方を（　）にかきましょう。
① 5万分の1　　（ ごまんぶんのいち ）
② 1：50000　　（ いちたいごまん ）

ごまんぶんのいち　いちたいごまん

(2) 1/50000 の読み方で同じなのは、①と②のどちらですか。
（ ① ）

しゅくしゃく(2)

① 次の図から、どれだけちぢめたかを求めましょう。

(1) 地図上の長さをかきましょう。

実さいのきょり	地図上の長さ
1km	1cm
3km	3cm
5km	5cm

(2) (1)は、どれくらいのわりあいでちぢめたかを計算しましょう。

1km＝〔 1000 〕m＝〔100000〕cm

地図上の長さ	÷	実さいのきょり	＝	しゅくしゃく

1÷〔 100000 〕＝

〔 1/100000 〕

〔 10万 分の1 〕〔 1：100000 〕

(3) 次の〔 〕にあてはまる数字をかきましょう。

1cmが10kmの地図は、10km＝〔1000000〕cm

だから、〔1000000〕分の1のしゅくしゃくの地図です。

この地図で、東京・横浜間が約3cmだったら、実さいのきょりは、約〔 30 〕kmということになります。

---

② しゅくしゃくによって、表される地図がちがってきます。次の地図を見て、あとの問いに答えましょう。

(1) ⑦と④の地図は、「2万5千分の1」と「5万分の1」のどちらでしょうか。

⑦(5万 分の1) ④(2万5千 分の1)

(2) ⑦と④の地図で1cmが、実さいのきょりでは何mになりますか。

⑦〔 500 〕m ④〔 250 〕m

(3) ⑦の地図で、あ─いの長さが3cmです。実さいのきょりは、何mですか。

〔 1500 〕m

(4) 町の様子をくわしく表しているのはどちらの地図ですか。

(2万5千 分の1)

等高線(1)

① 次の図を見て、( )にあてはまる言葉を □ からえらんでかきましょう。

(1) 海面からの高さが同じところを結んだ線を何といいますか。

(等高線)

(2) 図中のあ～えにあてはまる言葉をかきましょう。

あ…線と線の間が
(せまい)
↓
い…山のかたむきが
(急)

う…線と線の間が
(広い)
↓
え…山のかたむきが
(ゆるやか)

広い せまい 急
ゆるやか 等高線

② 次の図は、土地の様子を上から見た図です。⑦と④の線で切り取った面を横から見た図は、①～③の中のどれですか。

(③)

① ② ③

---

③ 次の図から、あとの問いに答えましょう。

(1) 真上から見た図（平面図）から真横から見た図（断面図）をかきましょう。

(2) 図からわかったことをかきましょう。

① さくら山ともも山、どちらの方が高いですか。(さくら山)

② さくら山ともも山、どちらの方がしゃ面がゆるやかですか。
(もも山)

③ もも山の東と西ではどちら側にくだものの畑がありますか。
(東側)

等高線(2)

① 次の図を見て、あとの問いに答えましょう。

(1) 平面図から⑦と④を結ぶ線の断面図をかきましょう。

(2) この地図では、等高線は、何mおきに引かれていますか。
〔 100 〕m

(3) 山のしゃ面が急になっているところは、等高線の間かくは、どうなっていますか。
間かくが（ せまく ）なっている。

(4) 現在地とちょう上では、何mぐらいの差がありますか。
約〔 400 〕m

---

② 次の地図を見て、あとの問いに答えましょう。

(1) りんご山とうめ山のちょう上は、何m以上ありますか。

① りんご山
約〔 600 〕m

② うめ山
約〔 400 〕m

(2) 学校と同じ高さにある家は、あ～えのどの家ですか。 (い)

(3) あ～えの家の近くは何に使われているかを、次の中からえらんでかきましょう。

あ(くだもの畑) い(茶畑) う(田)

茶畑 田 くだもの畑

(4) (3)の中で、一番低いところでつくられているのは、あ～えのどれですか。 (う)

(5) りんご山にゆるやかに登ろうとすると、⑦と④のどちらのコースがよいですか。 (⑦)

地図の見方(1)

まとめテスト

① 次の地図を見て、あとの問いに答えましょう。 (5点×11)

(1) 次の2つの場所の方角（八方位）ときょりを求めましょう。

	方角	実さいのきょり
① 学校から見た病院	北東	2km
② 駅から見たけいさつしょ	西	3km
③ 市役所から見たゆうびん局	北西	5km
④ 工場から見た神社	南東	5.5km

(2) 次の土地の高さは何に利用されていますか。

① 0～100m (田) ② 0～300m (茶畑)

③ 100～300m (くだものの畑)

茶畑 くだものの畑 田

---

② 次の( )にあてはまる言葉をかきましょう。 (5点×4)

地図には、海面からの高さが同じところを結んだ（① 等高線 ）があります。①にしたがって色をぬると、土地の（② 高低 ）がよくわかり、せまくなっているところは、（③ 急 ）で、広いところは（④ ゆるやか ）になっています。

等高線 ゆるやか 高低 急

③ 次の地図を見て、あとの問いに答えましょう。 (5点×5)

(1) 神社と寺の高さを求めましょう。

神社	(200)mぐらい	寺	(700)mぐらい

(2) (1)の近くの乗り物の高低差を求めましょう。

① ロープウエイ
(1200)mぐらい

② ケーブルカー
(500)mぐらい

(3) 図中の⑦と④の断面図は、あ～うのどれですか。( )にかきましょう。
(う)

まとめテスト　地図の見方(2)

月　日　名前　　/100点

① 次の地図を見て、あとの問いに答えましょう。(10点×5)

①	②
㋐　　□ m	㋑　　□ m

5万分の1の地図　　2万5千分の1の地図

(1) ㋐と㋑の長さが1cmのときの実さいのきょりを求めましょう。

①	②
(500)m	(250)m

(2) 図②の㋐と㋑の長さは3cmです。実さいのきょりを求めましょう。
(750)m

(3) ③の地図は、1cmが2000mです。何分の1の地図ですか。
(20万)分の1
※200000でも可

0　　2000m

(4) ①〜③の中で、地いきの様子をよりくわしく表している地図は、何分の1の地図ですか。番号でかきましょう。
(②)

② 次の平面図から断面図をかいて、あとの問いに答えましょう。(20点)

(1) ①〜③の地点で一番高いところにあるのはどれで、だいたい何mくらいありますか。(10点×2)
(③)〔 70 〕mぐらい

(2) 花山に登るのに、㋐・㋑・㋒のコースの中でどのコースが一番ゆったりと登れますか。(10点)
(㋒)

95

学年末テスト　健康なくらしとまちづくり

月　日　名前　　/100点

① 次の図を見て、あとの問いに答えましょう。

水げんの森　じょう水場　配水池

(1) ㋐から水が流れる順にあてはまる言葉を図の中にかきましょう。(知識)(6点×5)

配水池　下水しょり場　ダム　じょう水場　水げんの森

(2) 図の①〜③のはたらきをするところは、㋐〜㋓のどちらでしょうか。( )に記号をかきましょう。(5点×3)
① (㋒) 川の水を取り入れて、飲める水にする。
② (㋓) きれいな水をためて、家庭などに送り出す。
③ (㋔) 水をきれいにして、川や海に流す。

(3) なぜ、水げんの森は、大切なのでしょうか。( )の言葉を使ってかきましょう。(こう水・土しゃくずれ)(思考)(15点)

(例)
森林は、ふった雨を地下にたくわえるので、こう水をふせぎ、木の根は土やすなをおさえこむので、土しゃくずれをふせぐから。

② 次の図を見て、あとの問いに答えましょう。

あなたの町のしゅう集日は　《せいそう工場》

(1) 次の曜日に出せるごみをかきましょう。(技能)(5点×2)
① 金曜日(もえる)ごみ　② 水曜日(もえない)ごみ

(2) もえるごみは、せいそう工場に運ばれます。次の説明のところをかきましょう。(技能)(5点×3)
① ごみをはいにするところ。(焼きゃくろ)
② ごみがもえるのを管理しているところ。(中央せいぎょ室)
③ ごみを集めるところ。(ごみピット)

(3) しげんごみは、毎月いつ出せますか。(技能)(5点)
(第1・3木曜)

(4) (3)は、リサイクル工場でどうなりますか。(思考)(10点)

(例)
リサイクル工場ではごみをしげんとして、新たな品物として生まれかわる。

96

学年末テスト　地いきを切り開く・守る

月　日　名前　　/100点

① 次の地図を見て、あとの問いに答えましょう。(技能)(9点×6)

(1) ㋐〜㋒が行われたところを、地図からえらんで番号をかきましょう。
㋐通潤橋(熊本県)〔 ③ 〕
㋑那須疏水(用水路)(栃木県)〔 ① 〕
㋒広村ていぼう(和歌山県)〔 ② 〕

(2) 次の説明にあった図を、あとの㋐〜㋒からえらびましょう。

説明	記号
深い谷にはさまれていた台地につくった用水路。	㋐
村を津波から守るためにつくったていぼう。	㋒
あれた原野を切り開いてつくった用水路。	㋑

② ①・㋐の橋ができたことでどうなったかを、( )の言葉を使ってかきましょう。(水不足　落ちる力　米)(思考)(18点)

(例)
白糸台地の田は、深い谷にはさまれているので、水不足になる。そこで、水が落ちる力を利用して台地に水を引いた。すると米をつくれるところがふえた。

③ 広村ていぼうの図について、あとの問いに答えましょう。

(1) 津波は、どんな災害のあとにやってきますか。(知識)(10点)
(地しん)

(2) 左図に黒まつが植えられています。なぜですか。( )の言葉を使ってかきましょう。(漁船　塩気　つ波　村)(思考)(18点)

(例)
つ波から村を守るために、塩気に強い黒まつを植えた。黒まつは、つ波だけでなく、村に流れこんでくる漁船までもふせぐことができるから。

97

学年末テスト　九州・中国・四国地方

月　日　名前　　/100点

① 次の特産品を見て、都道府県名をかきましょう。(知識)(6点×9)

特産品	都道府県名	特産品	都道府県名
① 日本なし	鳥取 県	② みかん	愛媛 県
③ カツオ	高知 県	④ しじみ	島根 県
⑤ さつまいも	鹿児島 県	⑥ 讃岐うどん	香川 県
⑦ カステラ	長崎 県	⑧ ふぐ	山口 県
⑨ 森のくまさん(ブランド米)	熊本 県		

鹿児島　島根　熊本　山口　鳥取　香川　長崎　高知　愛媛

② ①図(㋐〜㋒)の祭りと伝統的工芸品に関係する都道府県名をかきましょう。(知識)(6点×3)

沖縄　佐賀　徳島

㋐ 阿波踊り	㋑ 琉球がすり	㋒ 伊万里・有田焼
(徳島)県	(沖縄)県	(佐賀)県

③ 次の地図を見て、あとの問いに答えましょう。(知識)

長崎　福岡　宮崎　岡山　大分　広島

(1) 次の連絡橋が結んでいる都道府県名をかきましょう。(4点×2)
① 瀬戸内しまなみ海道…(広島)県と愛媛県
② 瀬戸大橋…(岡山)県と香川県

(2) 次の新幹線に関係する都道府県名をかきましょう。(5点×4)
① 山陽新幹線と九州新幹線をつないでいる県
(福岡)
② 沖縄県以外で九州新幹線が通っていない県(2020年)
(大分)県　(宮崎)県　(長崎)県
※順不同

98

近畿・中部地方

① 次の特産品を見て、都道府県名をかきましょう。(知識)(6点×8)

越前ガニ
富富富
越前ガニ
お茶
たこ焼き
伊勢エビ
有田みかん
名古屋コーチン
ぶどう

特産品	都道府県名	特産品	都道府県名
① 越前ガニ	福井 県	② 伊勢えび	三重 県
③ 富富富 (ブランド米)	富山 県	④ ぶどう	山梨 県
⑤ 有田みかん	和歌山 県	⑥ たこ焼き	大阪 府
⑦ 名古屋コーチン	愛知 県	⑧ お茶	静岡 県

静岡　山梨　富山　大阪　福井　和歌山　愛知　三重

---

② ①図（あ〜う）の祭りと伝統的工芸品に関係する都道府県名をかきましょう。(知識)(6点×3)

長野　滋賀　京都

あ　祇園祭
（ 京都 ）府

い　御柱祭
（ 長野 ）県

う　信楽焼
（ 滋賀 ）県

③ 次の地図を見て、あとの問いに答えましょう。(知識)

北陸新幹線　金沢　富山　長野　新潟
明石海峡大橋　上越新幹線
京都　名古屋

新潟　石川　奈良　兵庫　岐阜

(1) 神戸市と淡路島の間にかけられた世界一長いつり橋、明石海峡大橋がある県は、どこですか。(6点)
（ 兵庫 ）県

(2) 海に面していない⑦と⑥の都道府県名をかきましょう。(7点×2)
⑦（ 奈良 ）県　⑥（ 岐阜 ）県

(3) 東京発新幹線の終着駅の都道府県名をかきましょう。(7点×2)
① 北陸新幹線…（ 石川 ）県
② 上越新幹線…（ 新潟 ）県

関東・東北・北海道地方

① 次の特産品を見て、都道府県名をかきましょう。(知識)(7点×8)

さくらんぼ
キャベツ
もも
草加せんべい
ぎょうざ
水戸納豆
シュウマイ
落花生（ピーナッツ）

特産品	都道府県名	特産品	都道府県名
① キャベツ	群馬 県	② ぎょうざ	栃木 県
③ 落花生 (ピーナッツ)	千葉 県	④ さくらんぼ	山形 県
⑤ 水戸納豆	茨城 県	⑥ もも	福島 県
⑦ 草加せんべい	埼玉 県	⑧ シュウマイ	神奈川 県

茨城　栃木　神奈川　群馬　福島　山形　埼玉　千葉

---

② ①図（あ〜う）の祭りと伝統的工芸品に関係する都道府県名をかきましょう。(知識)(6点×3)

岩手　青森　宮城

あ　仙台七夕まつり
（ 宮城 ）県

い　ねぶた祭
（ 青森 ）県

う　南部鉄器
（ 岩手 ）県

③ 次の地図を見て、あとの問いに答えましょう。(知識)

新幹線
青函トンネル
新青森　新函館北斗
上越新幹線　秋田　八戸
新潟　盛岡　東北新幹線
仙台
長野
静岡　東海道新幹線

(1) 図の新幹線の始発駅がある都道府県は、どこですか。(7点)
（ 東京都 ）

(2) 東北新幹線で次の県庁所在地を通る都道府県名をかきましょう。(6点×2)
① 仙台（ 宮城県 ）
② 盛岡（ 岩手県 ）

(3) 何新幹線に乗ると青函トンネルを通ることができますか。(7点)
（ 北海道 ）新幹線

岩手県　宮城県　東京都　北海道

社会習熟プリント　小学3・4年生　大判サイズ

2020年6月20日　発行

著　者　馬場田　裕　康
　　　　橋　口　龍　太

発行者　面　屋　尚　志

企　画　フォーラム・A

発行所　清風堂書店
　　　　〒530-0057　大阪市北区曽根崎 2-11-16
　　　　TEL 06-6316-1460／FAX 06-6365-5607

振　替　00920-6-119910

制作編集担当　苗村佐和子　☆☆☆
表紙デザイン　ウエナカデザイン事務所　6022